Inteligencia en redes sociales

Despertando el potencial del *community manager*

Eva Moya

Colección *El profesional de la información*

Dirección: Javier Guallar y Tomàs Baiget

Diseño del libro y de la cubierta: Natàlia Serrano

Primera edición en lengua castellana: octubre 2013

Gran Via de les Corts Catalanes, 872, 3a planta, 08018 Barcelona
www.editorialuoc.com

Realización editorial: Sònia Poch Masfarré
Impresión:

ISBN: 978-84-9788-879-0
Depósito legal B. 24675-2013

¿A QUIÉN VA DIRIGIDO ESTE LIBRO?

Este libro te interesa si quieres saber:

- Cuáles son los beneficios de invertir tiempo y dinero en la creación de una comunidad virtual.
- Cómo diseñar una comunidad que facilite alcanzar los objetivos estratégicos de una organización.
- Canales y recursos a disposición de una organización para crear comunidades virtuales.
- Claves para dinamizar una comunidad alineada con la personalidad de la organización.
- Cómo aprovechar la inteligencia colectiva como estrategia de mejora.
- Cómo analizar la información obtenida en función de nuestros intereses y objetivos.
- Cómo difundir adecuadamente los resultados de nuestras campañas de inteligencia colectiva.

ÍNDICE

INTRODUCCIÓN

El trabajo que tiene el lector entre sus manos quiere ser una guía de viaje estratégica para los profesionales de la información que deseen adentrarse en el área del *social media* y más específicamente en las redes sociales.

Esta guía no especifica ni desarrolla contenidos exclusivos para tipologías de comunidades virtuales, sino que sirve como mapa genérico de diseño válido para cualquier comunidad, sea cual sea el entorno o marco en el que decida crearse (pequeña y mediana empresa, grandes compañías, ONG, administraciones públicas, fundaciones, etc.).

El libro está pensado como una guía de pasos y reflexiones que el lector debe realizar para crear con éxito su comunidad virtual utilizando como herramientas las redes sociales más conocidas. Los primeros pasos siempre irán enfocados a diseñar una buena estrategia basada en los objetivos que se deseen cumplir. A ser posible esos objetivos serán cuantificables en algún aspecto, para que posteriormente se pueda evaluar el éxito o no del proyecto.

Se exponen asimismo varios casos de éxito y ejemplos reales en grandes organizaciones que pueden inspirar al lector para desarrollar tanto buenas prácticas como prevenir aquellas que ponen en riesgo el objetivo. Ninguna comunidad virtual es igual, por tanto reproducir lo que han implementado otras organizaciones no tiene por qué asegurarnos el cumplimiento de nuestros objetivos. Sin embargo los éxitos y fracasos de otros pueden despertarnos profundas reflexiones que desemboquen en ideas originales y creativas. A este proceso se le llama *benchmark* y el lector comprobará que le servirá para iniciar el camino que se propone emprender.

El libro se divide en tres capítulos que siguen el orden más apropiado para la gestión de una comunidad virtual orientada a extraer la mayor rentabilidad de las redes sociales. En «Crear comunidad» vemos cómo se diseña de partida una comunidad en las redes sociales y por qué es tan importante marcar correctamente unos objetivos alineados con la personalidad de la organización. Para ayudarnos se sugieren algunos aspectos y recursos.

Una vez montada la comunidad llega el momento de activarla. En «Dinamizar y vertebrar la comunidad» planteamos sugerencias y soluciones a los retos del día a día del profesional que interactúa con la comunidad para dirigirla hacia los objetivos. Entre ellos, cómo resolver una crisis de reputación.

Por último, en «Escuchar a la comunidad: optimizar la inteligencia colectiva», damos a conocer la importancia del enfoque de la inteligencia colectiva y/o el *crowdsourcing*, como aplicaciones de inteligencia que permiten optimizar y mejorar la rentabilidad de la creación de una comunidad virtual.

CREAR COMUNIDAD

Razones para la creación de una comunidad virtual

Las redes sociales, como herramientas de comunicación, han revolucionado la manera de interactuar con la gran red en los últimos años. Vinculadas al concepto 2.0 creado por Tim O'Reilly para referirse a las nuevas tecnologías asociadas a internet surgidas con el cambio de milenio, ponen a disposición de cualquier individuo diversas plataformas y tecnologías para que sus usuarios puedan expresarse y contactar libremente con otras personas que participen en ellas. Es decir, son un nuevo vehículo a través del cual las personas pueden relacionarse, compartir y estrechar lazos[1].

Cuando escuchamos hablar de redes sociales probablemente pensamos de inmediato solamente en las más conocidas actualmente, como Facebook y Twitter, pero hay muchas otras, así como también en el pasado las hubo muy populares, como MySpace. Conviene com-

1. Tim O'Reilly, «What is Web 2.0. Design Patterns and Business Models for the Next Generation of Software», *O'Reilly.com*, 30 de septiembre de 2005, http://oreilly.com/pub/a/web2/archive/what-is-web-20.html?page=1#mememap

prender que no son un fenómeno espontáneo o pasajero, sino la evolución de varios años de ideas y de pruebas con distintas herramientas y aplicaciones, mejoradas para incorporar nuevas opciones que satisfagan las necesidades de comunicación y relación de los usuarios.

Si miramos hacia atrás, podríamos considerar las redes sociales como una evolución de los foros temáticos que toda página en internet debía tener a finales de los años noventa para ofrecer un espacio al diálogo. Y la figura actual del *community manager* (CM) o gestor de comunidades podría considerarse una evolución de la figura del moderador de los viejos foros, con la salvedad de que el CM no modera, sino que dinamiza. Esta quizá sea la mayor diferencia entre ambos.

Las redes sociales actuales han ido sin duda un paso más allá de los foros al potenciar el enriquecimiento de la información de los usuarios. La gran diferencia entre los foros de los primeros tiempos de internet y las redes sociales actuales es que los primeros eran espacios concretos donde plantear debates y facilitar el intercambio de ideas. De hecho, la palabra *foro* viene del latín *forum*: aquella plaza central en las antiguas ciudades romanas en la que se reunían los ciudadanos para hablar y donde se ubicaban los principales edificios públicos. Sin embargo, las redes sociales, que han estado presentes en la evolución histórica del ser humano casi desde sus comienzos, se refieren, más que a un espacio concreto en el que reunirse para hablar (como los foros), a una serie de interacciones entre individuos que comparten los mismos intereses, valores o creencias. Y estas no tienen por qué darse exclusivamente en un punto de contacto único.

Por tanto, ya no centramos nuestra atención en un espacio virtual concreto, sino que todo internet y en especial las redes sociales se convierten en autovías de información que los propios usuarios construyen y destruyen como caminos para conectar con otras personas desde cualquier parte del mundo.

Aunque en sus comienzos estaban más bien pensadas para que el usuario pudiera contar lo que quisiera de sí mismo a toda la red, sin importarle demasiado lo que pensaran los demás (es el caso de los primeros blogs del Blogger de Google), la democratización de las herramientas, diseñadas para que cualquier persona sin conocimientos técnicos pudiera manejarlas, permitió que las redes sociales dejaran de ser específicas de los *early adopters* (los más inquietos por las nuevas tecnologías), para convertirse en una gran plataforma social de opiniones e información al alcance de todo el mundo.

Desde cada nodo o perfil de la red, cualquiera —en los países democráticos— puede decir lo que opina de un producto, un servicio, un mensaje político, una campaña publicitaria o un nuevo artista. Son puras plataformas de expresión social, que en un momento dado pueden cristalizar en la creación de comunidades específicas en torno a una marca, una idea, una persona o un suceso.

Conocer bien cómo funcionan estas comunidades virtuales puede aportar un gran valor a cualquier organización en la actualidad. Algunas surgen estratégicamente vinculadas a un negocio y sus propietarios tienen más o menos el control, como las comunidades de grandes marcas como Coca-Cola o Starbucks en Twitter o Facebook. Otras surgen espontáneamente con motivo de un suceso, por ejemplo en torno a un *hashtag* de Twitter para una denuncia social[2]. Este es el caso de una de las campañas más exitosas de Greenpeace dirigida contra los tóxicos en el sector textil. Para ella utilizaron el *hashtag* #Detox contra Zara y #GoForth contra Levis[3]. La campaña tuvo tanta repercusión que la propia Zara se sumó, demostrando capacidad de reacción al retirar los tóxicos del proceso de fabricación de sus maniquíes en muy corto plazo de tiempo. Greenpeace reconoció públicamente su labor y las relaciones entre la marca y sus consumidores se estrecharon todavía más, especialmente porque estos últimos sintieron que habían sido escuchados por la corporación.

Por tanto, antes de entrar en materia, debe quedar claro que las comunidades virtuales no son un espacio para llenar con contenidos más o menos curiosos, con mensajes de la organización o de la marca, o con vídeos divertidos, ni se trata de luchar por alcanzar un *trending topic* (TT) en Twitter. Los *trending topics* son aquellos *hashtags* más utilizados. Twitter incluye una lista las 24 horas del día en la que muestra de qué se está hablando tanto a nivel internacional como a nivel de país. De esta manera los TT funcionan como listas de tendencias sociales, que unas veces serán de puro ruido, pero otras llevarán consigo contenido altamente interesante para la organización[4].

---

2. El *hashtag* es una etiqueta que precedida por el símbolo «#» sirve de ayuda para categorizar mensajes en Twitter. Ver: Tim O'Reilly (2010), *Exprime Twitter*, Anaya, p. 12.
3. «Detox our future», *Greenpeace*, http://www.greenpeace.org/international/en/campaigns/toxics/water/detox/
4. «To Trend or not to Trend», *Twitter Blog*, 8 de diciembre de 2010, https://blog.twitter.com/2010/trend-or-not-trend

Las comunidades virtuales son espacios abiertos a las relaciones personales que se establecen entre los *stakeholders* (grupos de interés) y la organización. Si perdemos de vista este eje, nuestras estrategias en las redes sociales serán un fracaso y corremos el riesgo de convertirlas en una plataforma de publicidad enmascarada.

Así pues, pensando en el punto actual en el que se encuentran las redes sociales como grandes desarrollos tecnológicos que permiten la comunicación multiformato y en movilidad, y entendiendo que son un fenómeno básicamente relacional, ¿por qué le puede interesar a una organización crear una comunidad virtual? Evidentemente, si una organización piensa dar el salto a la web social es porque le aporta algún tipo de valor. Veamos algunos de los valores más interesantes desde el punto de vista del *marketing intelligence*[5] y la inteligencia en comunicación *online*[6].

a) Si no te ven, no existes

Las redes sociales se han convertido en un canal más donde las organizaciones pueden mostrarse a sí mismas y

---

5. *Marketing intelligence* es la disciplina que permite el estudio de los datos extraídos en distintas plataformas de clientes o internet. En el caso de internet, se recurre, por ejemplo, a la analítica web para diseñar mejores campañas publicitarias. En el caso de plataformas, lo más común es el uso del *software* específico para *business intelligence*, que facilita el procesamiento de un gran volumen de datos como fechas de nacimiento, consumo mensual, etc. Es una disciplina cuyo análisis es cuantitativo.
6. Inteligencia en comunicación *online* es la disciplina que analiza los mensajes que circulan por la red. Utiliza como base el *open source intelligence* o inteligencia de fuentes abiertas como las redes sociales. Por tanto, es una disciplina de análisis cualitativo.

dar a conocer la personalidad de su marca. Un canal más, no el único, pues los viejos canales como la televisión, la radio y los periódicos a día de hoy siguen siendo importantes. Si bien la expansión que ha tenido internet en los últimos años ha sido espectacular, no todos los «públicos objetivo» se encuentran dentro del espacio virtual. Por tanto, no podemos hablar de las redes sociales como sustitutivas de los demás canales.

En los últimos años nos hemos convertido en *prosumers*, es decir, en consumidores sobradamente informados que tienen muy claro cómo utilizan su dinero y que incluso pueden y quieren participar en el proceso de producción[7].

Por otro lado, y especialmente en épocas de crisis, se vuelve importantísimo el *share of wallet*, es decir, el porcentaje de dinero que un consumidor dedica a un producto/ servicio, del total que tiene para gastar. El cliente quiere sentir que sus compras son más inteligentes, que sabe comprar.

Prueba de esta evolución hacia el *prosumer* es la aparición de los servicios comparadores de todo tipo de productos como seguros, productos bancarios, electrodomésticos, etc. Comparadores que, además, se han convertido ya en cestas de la compra que incitan a la acción con un solo clic.

---

7. Philip Kotler, «The Prosumer Movement: a New Challenge For Marketers», *NA - Advances in Consumer Research*, 1986, vol. 13, eds. Richard J. Lutz, Provo, UT: Association for Consumer Research, pp. 510-513, http://www.acrwebsite.org/search/view-conference-proceedings.aspx?Id=6542

Así pues, evidentemente una buena estrategia de comunicación en nuestras comunidades virtuales puede ayudar a despejar dudas al consumidor a la hora de elegirnos a nosotros frente a la competencia, incluso aunque nuestros precios sean los más elevados del sector.

Ahora bien, si algo ha obsesionado hasta ahora a los gestores de comunidades *online* ha sido la creencia de que cuantos más seguidores, más visibilidad. Por un lado es cierto. ¿Pero es solo la visibilidad lo que le interesa a una organización en las redes sociales?

No. El consumidor ya no compara solo las características funcionales de un producto. Quiere saber más sobre las marcas que lo producen, como por ejemplo si son respetuosas con los derechos infantiles, el medio ambiente, si cuidan o no a sus trabajadores, etc. El *prosumer* sale a internet con sus propias preguntas sobre la marca y el producto que le gustaría adquirir. Preguntas sobre las que encontrará respuesta tanto si la marca está presente con su propia voz como si son otros los que hablan por ella. Y esto nos lleva directamente al segundo punto por el cual una organización puede interesarse por estar en las redes sociales.

b) Hablar con tu propia voz favorece la transparencia y fortalece el engagement

«Si tú no hablas por ti, otros lo harán» es una de las máximas del *Social Media.* Recordemos que las comunidades virtuales son relaciones donde las personas comparten ideas y opiniones. Esto significa que entre ellos van a hablar de las organizaciones, de las marcas, de los productos y servicios, etc. ¿Qué van a contar de tu organización?

Si una organización ha desplegado una buena estrategia de comunicación alineada con su personalidad en las comunidades virtuales, tendrá como resultado unas fuertes relaciones con la mayoría de sus seguidores y *stakeholders*. Para conseguirlo, la transparencia a la hora de hablar de nosotros mismos es vital para generar confianza y reforzar los lazos de «amistad» o «seguidor». Evidentemente el estilo de lenguaje será resultado de la estrategia de marca, sin embargo, siempre incluirá un componente cercano si pretende potenciar el *engagement marketing*. Este es un término que se ha puesto de moda últimamente y que nos recuerda que, superada la fase de producto, el consumidor se decanta por una u otra marca a través de la experiencia que esta le pueda dar y no porque ese producto sea el mejor del mercado. Cuando existe *engagement*[8] el consumidor repite una y otra vez el número de compras de la misma marca, haciendo cada vez más difícil que la competencia pueda «robarle» a ese cliente. Uno de los ejemplos más claros de *engagement marketing* son las comunidades surgidas en torno a las marcas Harley Davidson o BMW, comunidades que voluntariamente deciden proteger e inspirar a la marca.

8. No existe en castellano una traducción literal del significado del término. Cuando hablamos de *engagement*, nos referimos a una relación de compromiso entre el individuo y una organización. Por ejemplo, el consumidor y su marca favorita o un empleado y su organización. Si existe este tipo de compromiso, el individuo puede nutrir con sus ideas en un momento determinado a la organización participando voluntariamente en una campaña de *crowdsourcing*. En definitiva, cuando hay *engagement*, el individuo se siente parte de la organización con derecho a aplaudir y a criticar.

Abriendo un espacio a las relaciones directas con nuestros *stakeholders* en las redes sociales facilitamos la comunicación y la transparencia para potenciar un convivir agradable en el día a día de las marcas y las organizaciones con sus seguidores. Previniendo y rebajando la tensión si aparecen malentendidos que pudieran derivar en una crisis de reputación, como lo que le sucedió a la marca americana de pizzas a domicilio Domino's Pizza cuando dos empleados descontentos subieron un vídeo *troll* (muy destructivo y dañino para la reputación) contra la compañía[9]. En el vídeo mostraban en falso cómo se realizaban las pizzas sin el menor respeto por la higiene. A pesar de la crisis originada, y tras identificar lo que había sucedido, en 48 horas la empresa fue capaz de devolver la confianza a los consumidores gracias a las redes sociales y al resto de empleados que testificaron a favor de la compañía demostrando que el vídeo era falso. Es decir, consiguieron hacer entender al mundo que el vídeo era producto del descontento de dos empleados y que en absoluto reflejaba los procesos reales de fabricación de sus pizzas.

Este conocido ejemplo nos permite reflexionar sobre una de las grandes preocupaciones de algunos directivos: la incapacidad de poder controlar lo que se dice de sus organizaciones en las redes sociales. Existe cierto miedo en algunas organizaciones a crear y gestionar comunidades virtuales por si en algún momento algún navegante

---

9. Sthephanie Clifford, «Video Prank at Domino s Taints Brand», *The New York Times*, 15 de abril de 2009, http://www.nytimes.com/2009/04/16/business/media/16dominos.html?_r=0

hace una crítica destructiva que sea expuesta a los ojos de toda la red, y que pueda convertirse incluso en la semilla de una futura crisis reputacional.

Bien. Es el momento de afrontar los miedos y ser conscientes de que hoy por hoy hablarán de la organización en su comunidad o fuera de ella, tal como le pasó a Domino's Pizza. En algún blog, en algún comentario en Facebook, incluso en algún vídeo de Youtube, probablemente ya se está hablando de nuestra organización. Quizá no tenga demasiado alcance, pero algún día podría tenerlo. ¿Es preferible esperar a crear comunidad solo cuando nos encontremos ante una crisis o es mejor generar un entorno en el que podamos hablar con nuestra propia voz?

c) El poder de la viralidad: con poco dinero se puede conseguir mucho

Si bien tenemos que desmitificar que en internet y en las redes sociales todo se consigue gratis, sí es cierto que los costes son mucho menores que los de pagar, por ejemplo, un anuncio en televisión.

Las comunidades virtuales sirven como plataformas de difusión de contenido, especialmente cuando sus usuarios lo consideran atractivo y lo comparten con sus seguidores. Los temas más compartidos suelen ser bromas, contenidos sorprendentes o entrañables y temas relacionados con la crítica social. Uno de los ejemplos más conocidos es la campaña de MTV España «Amo a Laura» lanzada en YouTube en 2006 y que se convirtió en un verdadero fenómeno de internet. Resultó tan viral que incluso traspasó las fronteras de la red hasta la TV y la prensa. El vídeo fue visto por casi dos millones de personas y ha sido votada como la campaña más viral según Alianzo[10], agencia de *Social Media*.

Cuando conseguimos lanzar una campaña viral, tenemos más posibilidades de que los consumidores recuerden nuestra marca y hablen de ella. Además, la campaña se difunde de un modo poco agresivo, pues son los propios individuos quienes toman la decisión de quién la verá o no.

El único peligro asociado a la viralidad es la generación de excesivo ruido, algo que puede perjudicar a la marca, a su reputación y por tanto a la gestión de la comunidad virtual. Como ejemplo de este riesgo podemos hablar de lo sucedido con el *hashtag* #McDStories. La compañía McDonald's pensó en articular en torno a este *hashtag* todos los comentarios de experiencias de sus consumidores con relación a su servicio. La idea era buena, pues buscaba evocar los buenos recuerdos y vivencias relacionados con sus establecimientos de modo que toda la comunidad expresara aquellas situaciones más favorables y potenciadoras de la compañía y sus productos. Sin embargo, lo que en principio comenzó como una lista de recuerdos entrañables terminó como un bombardeo de mensajes completamente destructivos hacia su labor[11].

---

10. José A. del Moral, «Las 10 mejores campañas de *marketing* viral españolas», *esviral.com*, 4 de diciembre de 2012, http://www.esviral.com/las-10-mejores-campanas-de-marketing-viral-espanolas/
11. Kashmir Hill, «#McDStories: When A Hashtag Becomes A Bashtag», *Forbes*, 24 de enero de 2012, http://www.forbes.com/sites/kashmir-hill/2012/01/24/mcdstories-when-a-hashtag-becomes-a-bashtag/

d) Las comunidades virtuales como herramientas de contención en las crisis de reputación

Cuando surgen las crisis reputacionales es bien sabido que hace falta actuar con gran agilidad, creatividad y rapidez.

Uno de los canales más rápidos y cercanos a los consumidores y *stakeholders* son las redes sociales. Sin horario de cierre, sin intermediarios que distorsionen el mensaje y sin grandes inversiones de dinero, las organizaciones pueden hablar directamente con sus seguidores o interesados a través de sus perfiles ya creados. Y lo mejor de todo es que saben que serán escuchados. Mucho más que detrás de la pantalla del televisor o que a través de un mensaje de radio. El público de las redes sociales escucha y dialoga, e incluso en cierto momento puede convertirse en aliado para superar la crisis, pues, como venimos insistiendo desde el principio, las redes sociales son construcciones relacionales y por tanto bidireccionales en la comunicación. Detrás de un tuit o un mensaje en Facebook puede haber cientos o miles de seguidores esperando saber qué dice de sí misma la organización en esos momentos tan delicados, y a la vez dispuestos a salir a defender a la organización si esta hace bien las cosas.

Podemos poner como ejemplo la crisis de comunicación que sufrió la compañía Boeing cuando recibió un dibujo de un niño de 8 años que planteaba la posibilidad de un nuevo diseño de avión[12]. El padre del

---

12. Stephanie Clifford, «Boeing's Social-Media Lesson», *The New York Times*, 3 de mayo de 2010, http://mediadecoder.blogs.nytimes.com/2010/05/03/boeings-social-media-lesson/?ref=technology

niño, enamorado de los aviones, envió el dibujo con cariño imaginando una reacción divertida por parte de la compañía al recibir el «diseño» del pequeño. Sin embargo, se llevó una decepcionante sorpresa cuando recibió una carta fría y estandarizada que le hizo entrar en cólera, pues destruía las ilusiones de su hijo. Muy enfadado, contó lo sucedido en las redes sociales generando con ello una fuerte crisis reputacional para Boeing. La organización supo entender el alcance de lo que estaba sucediendo y reaccionó rápidamente con varias actuaciones certeras, entre ellas la de llevar al propio presidente de la compañía a presentarse «por sorpresa» en la casa del niño con regalos agradeciéndole al pequeño su diseño. A partir de ese momento, padre e hijo se convirtieron en entusiastas fervientes de la compañía, no solo eliminando de raíz los mensajes que habían originado la crisis, sino haciendo girar positivamente la percepción de Boeing en el *social media* y las redes sociales hasta unos máximos que ni se habían propuesto alcanzar.

Ahora bien, hay que tener en cuenta que una comunidad virtual no se crea de la noche a la mañana. Una comunidad virtual es un proyecto a largo plazo que necesita mimo y cuidado constante. Una inversión pensada desde la estrategia global de la empresa y del área de *marketing*, marca y comunicación. Por tanto, no es un movimiento para un momento puntual. Solo así, si llega el caso de una crisis, tendremos la infraestructura social lo suficientemente consolidada para que se confíe en nuestras palabras y se nos quiera escuchar cuando decidamos cómo gestionar un momento tan difícil como este.

e) Nuevo canal de atención al cliente

Si entendemos realmente las redes sociales como un canal de comunicación bidireccional con el consumidor, podremos comprender el hecho de que estas se conviertan en una vía más de atención al cliente o incluso de soporte.

Un buen ejemplo lo encontramos en el banco BBVA y su cuenta en Twitter @BBVAresponde[13]. A través de este perfil de Twitter ayudan a sus clientes con cualquier cuestión rápidamente.

Los beneficios de abrir una comunidad virtual de este tipo son múltiples, pues no solo podremos reforzar los lazos con nuestro consumidor generando clientes satisfechos; sino que podemos registrar sus dudas y problemas para crear mejores operativas, argumentarios e incluso mejorar procesos internos de la compañía.

f) Inteligencia colectiva como proceso de mejora del negocio, la marca o la organización

A través de las comunidades virtuales fluye una gran cantidad de información generada por los propios usuarios o estimulada por los gestores de la comunidad. Hasta ahora se utilizaba solo como recurso comunicacional, como un pilar más de la fidelización del cliente. Hoy día, cada vez hay más comunidades que surgen también con la idea de aprovechar el conocimiento colectivo generado en las redes sociales para mejorar cualquier aspecto de la organización e incluso obtener una mayor rentabilidad.

13. https://twitter.com/BBVAresponde

g) Refuerza el posicionamiento en buscadores

En los últimos tiempos, el buscador Google ha ido adaptando su famoso algoritmo a la nueva realidad social de internet. Es por ello que ha incorporado una parte relativa al flujo de información derivada de las redes sociales. Así pues, tener presencia y una comunidad activa propia en ellas puede ayudar a nuestra organización a posicionarse en un mejor lugar en el buscador[14]. Debe, por tanto, ser un pilar más de nuestra estrategia de SEO (*search engine optimization*).

Comunidad *vs.* campaña *online*

En el acercamiento al uso de las redes sociales es importante que diferenciemos dos tipos de actuaciones básicas para una mejor comprensión y diseño de las estrategias de comunicación en nuestra comunidad virtual.

Empecemos por la puntual y la que más ruido hace: las campañas *online* en redes sociales. Este tipo de campañas son actuaciones muy concretas y dirigidas a mover y/o promover cualquier aspecto relacionado con la organización. Un buen ejemplo fue la campaña realizada por F/Nazca Saatchi & Saatchi en la Pinacoteca de São Paulo cuando cerró sus puertas durante un año para renovar la exposición permanente. Con la intención de mantener la atención de los visitantes mientras esperaban que las obras concluyeran, crearon una aplicación a través de

14. «Las redes sociales son ahora uno de los principales factores SEO», *Puro Marketing*, 2 de julio de 2013, http://www.puromarketing.com/8/16616/redes-sociales-ahora-principales-factores.html

Facebook que permitía teledirigir durante 3 minutos un gato negro con una cámara en su interior que mostraba cómo iban las obras[15]. La campaña recibió varios premios por su originalidad.

Como hemos dicho, cuando buscamos crear una campaña *online* en las redes sociales planificamos un objetivo más concreto que cuando diseñamos una estrategia para crear la comunidad virtual. De hecho, este tipo de actuaciones concretas y puntuales suelen ser llevadas a cabo por agencias de *marketing* en internet y publicidad digital.

Todo este tipo de atractivas campañas no podrían llevarse a cabo si no estuvieran soportadas por una comunidad virtual en las redes sociales bien construida y gestionada, pues la mayor parte de las veces requieren un dinamizador que mantenga el interés y a los interesados vinculados a la red de la organización. Pero vayamos por partes, ¿qué es una comunidad? La palabra *comunidad* viene de la latina *communitas*, que en su acepción n.º 4 del diccionario de la RAE se define como «conjunto de personas vinculadas por características o intereses comunes». Esto significa que las comunidades se crean en torno a alguna idea, afición o motivación compartida entre los internautas dentro de la red social. Por ejemplo, la comunidad en Facebook de BMW[16] permite a los interesados en la marca debatir sobre los nuevos modelos, preguntar dudas, compartir experiencias, eventos, rutas en coche, etc.

---

15. «O menor de todos os felinos é uma obra de arte», *F/Nazca Brasil*, septiembre de 2011, http://www.bolt.com.br/cases/f-nazca/
16. https://www.facebook.com/BMW?fref=ts

Como vemos, cuando deseamos crear una comunidad necesitamos tomarnos el tiempo suficiente para decidir cuál será el hilo argumental, tema o «interés» que desarrollaremos dentro de nuestra red social. Este interés debe estar reflejado en la estrategia y emanar de la propia personalidad de la marca o de la organización para que sea coherente con el resto de políticas de comunicación. Por ejemplo, si somos una organización ecologista, no tendría sentido crear la comunidad en torno a la Fórmula 1, puesto que es uno de los deportes más contaminantes.

A diferencia de las campañas *online*, las comunidades son permanentes y hay que alimentarlas y dinamizarlas constantemente para que no se disuelvan. Este es sin duda el mayor de los retos, especialmente cuando no se es una marca u organización de gran envergadura. Para ello necesitaremos una estrategia y un plan de acción llevados a cabo por personal profesional y preparado capaz de mantener viva la red social.

RR.HH. necesarios

Para abordar con éxito la creación de una comunidad virtual a través de las redes sociales es imprescindible contar con profesionales capaces de estructurar y gestionar todo el proyecto. Existen varias profesiones de reciente creación asociadas al *social media* y las redes sociales como son el *social media strategist* y el *community manager*. Sin embargo, aunque existen estos perfiles ya definidos, quiero destacar las habilidades necesarias para ejecutar bien ese trabajo, pues en la mayor parte de los casos un mismo recurso aborda varios roles a la vez. Para ello prefiero describir los conocimientos y habilidades en función de las fases y perspectivas del proyecto:

a) Estrategia

El diseño de una buena estrategia de comunicación y marca es el primer paso firme que hay que dar antes de crear una red social. El estratega definirá, mediante un análisis previo, cuáles serán los objetivos que desea alcanzar la organización con la creación de la comunidad. Además, vinculará estos objetivos a la estrategia global de la organización manteniendo en todo momento su personalidad.

Básicamente, un estratega debe:

- Ser una persona reflexiva y analítica, para diseñar la estrategia desde todos los puntos de vista posibles.
- Tener visión de futuro y la habilidad de adaptarla a sus necesidades (prospectiva).
- Querer asumir una gran responsabilidad, pues una comunidad no se redirige rápidamente si hay problemas o descubrimos que no va encaminada hacia donde nos habíamos propuesto. Es un proyecto a largo plazo.
- Dominar la toma de decisiones, para dirigir el proyecto hacia los objetivos que se ha marcado.
- Saber comunicar tanto a la dirección como a los ejecutores de su estrategia para coordinar todo el proyecto adecuadamente.
- Ser organizado, pues debe prestar atención a muchos aspectos del proyecto.
- Ser líder, creer en su idea e impulsarla hasta el final.

En términos generales, para una estrategia de comunicación en redes sociales se necesita:

- Diseñar los objetivos que se desean alcanzar.
- Definir los recursos y el tiempo.
- Elegir la tipología de comunidad.
- Conocer qué redes sociales están disponibles y cuáles son las más adecuadas.
- Definir cuál será la línea argumental y las temáticas que se pueden y no se pueden abordar.

b) Gestión

Una vez definida la estrategia, llega el momento de ponerla en marcha y gestionarla para llegar adonde nos hemos propuesto. Como ya hemos dicho, la creación de una comunidad es un proyecto a medio-largo plazo. El perfil más conocido para la gestión es el del *community manager* o gestor de comunidades.

En general, un *community manager* debe:

- Ser creativo y resuelto para hacer crecer día a día los seguidores y fans de la comunidad y dirigirla hacia los objetivos marcados.
- Tener mucha paciencia y autocontrol, especialmente cuando la situación se complica o la organización es criticada públicamente. No debe contestar impulsivamente.
- Ser muy comunicativo y sociable, pues deberá saber llevar a todo tipo de usuarios. Muy orientado a las relaciones públicas.

Respecto a los conocimientos necesarios, tiene que:

- Saber cómo crear y mantener perfiles y eventos en las redes sociales. En definitiva, aprovechar al completo su herramienta de trabajo.
- Tener conocimientos básicos de diseño gráfico y programación para resolver las necesidades de primera línea, como puede ser la creación del *look&feel*[17] de la organización, o el diseño de un *banner* de comunicación.
- Saber manejar distintos tipos de lenguaje «virtuales».
- Dominar la temática elegida en la estrategia para poder resolver dudas, plantear debates, explotar ideas y llevar a la comunidad a que dé lo máximo de sí misma.
- Conocer el argumentario de crisis y su aplicación contra posibles riesgos de comunicación.

c) Inteligencia

Llamamos *inteligencia* a toda aquella información que tras un análisis previo se convierte en información de valor y útil a la organización. Las disciplinas o especialidades que analizan los datos extraídos del *social media* y las redes sociales se llaman *social network data analysis* y *social media analysis*. Uno de los perfiles que mejor se adapta a estas dos disciplinas es el *social media analyst*. Aunque lo veremos en el capítulo «Escuchar a la comu-

17. La apariencia visual que tendrá la red social: colores, fotografías, gráficos, avatar, etc., todo en consonancia con la personalidad de la organización para que no existan contradicciones entre el mundo *offline* y el mundo *online*.

nidad: optimizar la inteligencia colectiva», cuando se crea una comunidad virtual paralelamente fluye a través suyo una gran cantidad de información del consumidor, usuario, empleado, etc., que forma parte de ella. Saber aprovechar esa información derivada de nuestra propia comunidad o de la comunidad de la competencia puede facilitar e incluso mejorar la pervivencia de nuestro negocio. Se puede aprovechar para diseñar una nueva línea de negocio rentable, también para agilizar procesos internos, para ahorrar en costes, etc. En definitiva, la comunidad virtual puede ver aquello que la organización no está viendo de sí misma debido a la presión e inercia del día a día. En este sentido, lo ideal es recurrir al perfil de un analista de inteligencia especializado en el mundo *online*. Sin embargo, un buen *community manager* entrenado en el *ciclo de inteligencia* (que se detalla más adelante) y bajo la supervisión del *social media strategist* podría llegar a asumir tal función.

Las habilidades básicas para este tipo de función son:

- Gran curiosidad por todo y capacidad para ver lo que otros no ven, para detectar aquella información verdaderamente interesante para la organización.
- Espíritu crítico que facilite la mejora continua y evite la autocomplacencia.
- Proactividad, para superar los retos que puedan plantearse.
- Gran capacidad de análisis y facilidad de síntesis para llegar a una conclusión útil y certera para la organización.

Como conocimientos básicos, debe saber manejar correctamente el *ciclo de inteligencia*, que consta de las fases de: planificación de la información y recursos necesarios; obtención de la información en las redes; análisis de la información extraída (incluyendo el tratamiento *big data* si fuera necesario); y elaboración de informes con aquellas cuestiones que puedan resultar de ayuda a la organización.

Diseño de una estrategia en redes sociales

Cuando una organización se plantea diseñar una estrategia en las redes sociales debería ser porque considera que gracias a ella puede establecer algún tipo de ventaja competitiva que la diferencia de su competencia colocándola en una posición relativamente superior para competir[18].

Para que una buena estrategia de comunicación *online* permita crear una comunidad acorde a los intereses de la organización, y como decimos, volverla más competitiva, debemos tener muy claros los siguientes pilares que la sustentan:

a) Objetivos

La pregunta, sencilla y directa, debe ser: ¿qué deseamos conseguir con la comunidad virtual y la explotación de nuestras redes sociales? Recordemos que los objetivos deben emanar de la estrategia global de la organización e inspirarse directamente en su misión, visión y valores.

18. José Emilio Navas, Luis Ángel Guerras (2002), *La dirección estratégica de la empresa: teoría y aplicaciones*. Madrid: Civitas Ediciones, p. 229.

Se recomiendan de 1 a 3 objetivos más generales, propios del nacimiento de la red, y una lista de objetivos secundarios que permiten que los principales se alcancen. Por ejemplo, podemos querer crear una comunidad virtual para modificar y mejorar la percepción que nuestros consumidores tienen de nuestra marca con la intención de abrir más vías de diálogo directo y resolver sus dudas sobre nuestros productos y servicios rápidamente.

En general, los 3 objetivos básicos suelen ser:

- Mejorar la reputación de la organización.
- Mejorar los canales de comunicación con el cliente o los empleados, en definitiva, abrirnos al diálogo.
- Saber qué piensan de nosotros y nuestros productos/servicios los consumidores o empleados.

Conviene que los objetivos, además de cualitativamente, se formulen cuantitativamente en forma de métricas (números globales sobre algo que estamos midiendo), como por ejemplo el número de seguidores que queremos aumentar al mes, e indicadores (KPI), que son aquellos *ratios*, porcentajes, etc., que nos ayudan a controlar el proyecto a través del cuadro de mando. Un ejemplo de KPI puede ser el porcentaje de reducción de bajas de miembros de la comunidad que nos gustaría tener al finalizar el año.

Las métricas más comunes suelen ser:

- número de seguidores y gente que deja de seguirnos,

- número de comentarios,
- número de mensajes privados,
- número de menciones,
- número de interacciones participativas (especialmente cuando creamos un evento),
- edad,
- lugar de la conexión,
- hora de la conexión.

De estas métricas pueden salir indicadores muy interesantes, como por ejemplo:

- *Ratio* de participación en la comunidad: n.º de seguidores / n.º de comentarios.
- Visibilidad dentro de nuestro sector: porcentaje de menciones de nuestra organización del total de la competencia dentro del sector.
- Porcentaje de comentarios positivos frente a todas las menciones recibidas.

Evidentemente, métricas e indicadores no son estáticos, enriquecerán mucho más nuestro análisis si se realiza un seguimiento y control de su evolución para valorar si nos dirigen a los objetivos marcados.

Para empezar recomiendo utilizar las métricas del cuadro de mando que propone IAB Spain en su artículo «Las 4R de los medios sociales»[19].

19. «Las 4R de los medios sociales», *IAB Spain*, 26 de junio de 2012, http://www.iabspain.net/medios-sociales/

Para analizar la evolución, toda la lista de métricas e indicadores se suele organizar en una hoja de Excel con cada fórmula. Recomiendo además fijar también colores para visualizar rápidamente si la evolución es positiva o negativa conforme a lo que nos habíamos marcado en un comienzo.

Un ejemplo de hoja de control o cuadro de mando en Excel podría ser:

Hoja 1: objetivos anuales divididos por mes en 12 columnas.

Hoja 2: misma tabla que la hoja 1, pero ahora con los resultados reales de cada mes.

Hoja 3: de nuevo la misma tabla, pero restando la realidad a los objetivos para saber en qué hemos mejorado y qué debemos impulsar.

b) Público objetivo y tipo de relación

La otra gran pregunta que requiere respuesta detallada y concreta es: ¿a quién nos vamos a dirigir? Solo así sabremos, por ejemplo, qué tipo de lenguaje y tono utilizaremos en nuestras relaciones. No es lo mismo crear una comunidad en una red donde casi todos los perfiles son de adolescentes que crear una red interna en nuestra organización para la colaboración de nuestros propios empleados. Tampoco se gestiona igual una comunidad virtual dirigida por una ONG o la propuesta por un banco. Las relaciones siempre serán diferentes.

c) Contenidos

En función de los dos criterios anteriores, objetivos y público al que nos vamos a dirigir, decidiremos el tipo de contenido que compartiremos o favoreceremos.

Los contenidos deben estar completamente alineados con la estrategia global de la marca o personalidad de la organización. Un ejemplo muy especial es el del perfil en Twitter de Naciones Unidas cuando se descubrió que seguía la cuenta de una conocida actriz porno[20]. La ONU pidió disculpas, dejó de seguirla y despidió al pobre *community manager* que probablemente se había despistado con el escritorio Hootsuite, pensando que seguía a la actriz con su cuenta personal y no con la del trabajo.

Así pues, conviene comprender que «contenidos» son toda aquella información que pueda sernos útil a nosotros o a los grupos de interés que nos leen y participan, entre ellos qué tipo de seguidores tenemos.

Por otro lado, las comunidades virtuales deben fomentar y estimular la participación de los usuarios para enriquecer al máximo la información extraíble de la red social. Un bonito ejemplo lo representa la canción «The Social Song» del grupo Enigma, realizada completamente por fans e interesados en el grupo, siendo posiblemente una de las primeras melodías escritas así. Se crearon varias comunidades, se potenció la inteligencia colectiva a través de la participación y finalmente se creó la canción que fue difundida gratuitamente en YouTube[21].

---

20. Álex Ortiz, «La ONU sigue a una actriz porno en su cuenta oficial de Twitter», *ABC*, 7 de mayo de 2013, http://www.abc.es/tecnologia/redes/20130507/abci-pornstar-twitter-201305071614.html
21. Enigma. *The Social Song*. http://www.youtube.com/watch?v=wWuBGRKiyU0

d) Canales

No es mi intención hablar de todos los canales que existen, entre otras cosas porque se crean y se destruyen todos los días. Sin embargo, sí es importante tener en cuenta que como profesionales de las redes sociales necesitamos estar al día de las herramientas existentes. Algunas de las redes sociales actuales más conocidas son las siguientes:

- Facebook (http://www.facebook.com). La red social generalista más importante. Prácticamente todas las marcas tienen presencia en ella. Permite compartir todo tipo de formatos multimedia y tiene un buen sistema de organización de eventos y encuestas. Permite extraer mucha información. Además muestra parte de su código en abierto para que los desarrolladores puedan realizar todo tipo de aplicaciones personalizadas dentro de la propia red.
- Twitter (http://www.twitter.com). Su punto fuerte son los *hashtags* o etiquetas (#) que facilitan una mayor visión de los mensajes que se publican. Tiene limitación de 140 caracteres, por lo que es una red con una personalidad más bien informativa. El reto para una organización es conseguir en algún momento un *trending topic* (TT). Significará que un *hashtag* que estemos utilizando se ha convertido en viral y tiene una gran difusión.
- Instagram (http://instagram.com/). Exclusiva para fotografías, suele ser el acompañante ideal para Twitter.

- Pinterest (http://pinterest.com/). De reciente creación, es fantástica para mostrar catálogos de productos y servicios gracias a la originalidad de su muro de contenidos mostrado como un tablón de fotografías. Otras redes ya están copiando su formato. También puede servir para hacer campañas originales y muy visuales o dotar de contenidos enriquecidos a nuestra red. Por ejemplo, la marca de aceite Carbonell utiliza su Pinterest para mostrar platos y recetas elaborados con su aceite de un modo muy visual y atractivo[22].
- FourSquare (http://foursquare.com/). Específica para dispositivos móviles, trabaja con GPS para geolocalizar cualquier cosa. Es muy útil para pequeños negocios con local en la calle, pues además se generan concursos dentro de la red que la convierten casi en un videojuego consiguiendo una fidelización muy alta de casi todos los usuarios. Es fantástica para darse a conocer.
- Flikr (http://flikr.com/). Se comporta como una galería de imágenes o álbum de fotos. Muy buena cuando nuestros contenidos están en forma fotográfica y queremos mostrar todos nuestros eventos.
- YouTube (http://youtube.com/). Es la red social del formato vídeo por excelencia. Las organizaciones pueden crear sus propios canales personalizables con su marca creando espa-

22. http://pinterest.com/aceitecarbonell/

cios únicos atractivos, muy visuales y muy visitados.

- Vimeo (http://vimeo.com/). La otra gran red de vídeo que también te permite crear canales propios personalizados. Para hacerlo debes contratar una cuenta *premium*, pues esta red social evita la publicidad. Quizá sea interesante para ti en función de la estrategia que sigas.
- Google+ (http://plus.google.com/). El reciente despertar de esta conocida red social que no tenemos claro si llegará a levantar cabeza se debe en gran parte al rumor generalizado de que los perfiles abiertos en Google+ refuerzan la posición de la organización en el conocido buscador Google. Así pues, el «hay que estar» se debe básicamente a temas de SEO. Igualmente es bastante flexible y permite desarrollar bastante la creatividad.
- Tuenti (http://tuenti.com/). Es una red social de creación española específicamente para los adolescentes, aunque podemos encontrarnos perfiles de todas las edades. En España tiene muchísimo éxito.
- LinkedIN (http://linkedin.com/). Sin lugar a dudas, la red de contactos profesionales más poderosa y conocida del mundo. Desde el principio tuvieron muy clara su línea de negocio permitiéndoles expandirse y crear nuevas líneas con gran coherencia. Los perfiles están íntegramente diseñados para mostrar el lado profesional del usuario dotándole de una gran seriedad. Los grupos que permite crear pueden

ser ideales para generar un fuerte *engagement* con los interesados.

- Ning (http://ning.com/). Una de las mejores herramientas para crear una comunidad propia. Nos convertimos en nuestro propio Facebook o Twitter. Creamos todo desde cero, incluyendo la normativa que deseamos que enmarque a nuestra comunidad virtual. Permite incluso diseñar nuestra propia política de permisos y privacidad.
- Last FM (http://lastfm.es/). Como su nombre indica, está dirigida al mundo de la música. Facilita la creación de listas de música a los usuarios, totalmente personalizadas. Dependiendo de la comunidad que gestionemos puede ser de mucho interés.
- Delicious (http://delicious.com/). Es una red social a través de la cual agregamos marcadores a sitios y noticias que nos parecen interesantes. Al igual que cualquier otra red temática, en un momento dado puede ser muy útil en combinación con otras.

La pregunta clave que debemos hacernos es: ¿qué redes sociales se ajustan más a nuestros intereses para crear una o varias comunidades virtuales? Para responderla hay que analizar cuáles son nuestros objetivos, cuál es el público al que nos dirigimos y qué tipo de contenidos vamos a compartir y potenciar. También deberemos tener en cuenta el tiempo que deseamos dedicar a las mismas y con qué recursos contamos para hacer las cosas bien.

Es importante conocer que generalmente no se selecciona solo un canal, sino que se realiza un *mix* de canales que permita abordar diferentes comunidades y formatos de contenido. Por ejemplo, el *mix* más conocido actualmente es una estrategia de comunicación *online* de Facebook, Twitter y Youtube coordinados entre sí.

e) Planificación

Finalmente, toda estrategia acaba en el diseño de un plan donde incluiremos el calendario y los tiempos, por ejemplo de actualización, de contestación a los usuarios, de duración de eventos, etc. Una vez más, la planificación emanará de todo lo que hemos estado hablando para darle consistencia y coherencia a nuestras actuaciones, recordando que la generación de comunidades virtuales no es algo que se consiga en 24 horas, sino que es un proyecto a medio y largo plazo.

DINAMIZAR Y VERTEBRAR LA COMUNIDAD

Una vez creada la comunidad conforme a los objetivos que perseguimos llega el momento de gestionarla y dirigirla. Como hemos dicho anteriormente, aquí entra en acción el perfil del *community manager*, sobre el que recae prácticamente toda la responsabilidad de activar a los miembros de la comunidad y captar nuevos.

El día a día de una comunidad virtual

Todos hemos oído hablar de lo importante que es el *community manager*, pero ¿sabemos en qué consisten sus actividades?, ¿cómo pasa el día?

En términos generales, el CM tiene que conseguir llegar a los objetivos semanales, mensuales y anuales marcados de partida en la estrategia. Para conseguirlo debe llevar a cabo algunas actividades básicas como:

- Aumentar el número de seguidores de la comunidad.
- Actualizar contenidos atractivos en todas las redes.
- Dinamizar con pasión y fuerza a todos los miembros de la comunidad para que sean cada vez más participativos.

- Contestar menciones, comentarios y mensajes privados dando de alta en el *Social CRM* (aplicaciones informáticas específicas para registrar datos de usuarios en las redes sociales) de la organización a todos aquellos nuevos consumidores que se ponen en contacto con nosotros.
- Escalar dudas de usuarios cuando sea necesario y hacer seguimiento de las incidencias para agilizar la resolución y el cierre de la incidencia cuanto antes.
- Proteger la información comprobando que corresponda con la estrategia. Vigilar las posibles erratas y despistes en el sentido del contenido del mensaje. El contenido debe ser siempre veraz y comprobado.
- Asegurar un buen funcionamiento de todas las cuentas. Generalmente se apoya en herramientas de gestión como Hootsuite.
- Monitorizar tendencias sociales y diseñar estrategias de contenido para futuras actualizaciones.
- Seguir una política contra el pirateo de cuentas cambiando contraseñas con frecuencia para evitar sustos indeseados.
- Monitorizar la evolución del comportamiento de las redes que controla utilizando las métricas y los indicadores (KPI) previstos alimentando así el cuadro de mando para el *social media strategist* (SMS) y el *social media analyst* (SMA).
- Recopilar información interesante para nutrir a la organización.

Cada organización decidirá, a su vez, si desea que el CM realice más o menos funciones adaptándose a su propia estructura o jerarquía. Como venimos diciendo, en algunos casos el SMS o el SMA es también el CM, especialmente cuando se trata de organizaciones pequeñas con pocas cuentas que gestionar.

Tipos de perfiles en las redes sociales

Con cierta frecuencia podemos encontrar en internet artículos, blogs o incluso infografías que describen los distintos tipos de usuarios que utilizan las redes sociales y que, por tanto, pueden interactuar en cualquier comunidad virtual.

Si bien no se trata de conocer todos los modelos que se presentan, sí es bueno tener una idea general de con quién podemos llegar a dialogar en un momento dado a través de la comunidad virtual que gestionamos.

Como ejemplo en este libro vamos a seguir el estudio «The Social Media Personality»[23] publicado en febrero de 2013 por *MyLife* y realizado sobre 900 adultos en Estados Unidos. El resultado señaló diez tipos de personalidad en las redes sociales. Vamos a conocerlos y ver cuáles de ellos pueden ser un riesgo:

Tipo 1. «Lo he pillado. Tu hijo es el mejor»: especialmente dirigido a las madres y padres que llenan sus

23. Samantha Murphy Kelly, «What Type of Social Networking Personality Are You?», *Mashable*, 6 de febrero de 2013, http://mashable.com/2013/02/06/social-networking-personality/

muros y el de sus amigos con fotos de sus hijos. Todo lo pasan por el filtro de «sus niños».

Tipo 2. «Políticos»: se dedican a llenar sus muros con sus opiniones sobre política, causas sociales y temas relacionados. Son muy participativos y reivindicativos, especialmente en cualquier debate en el que tengan espacio para hacerse oír. Pueden ser perfiles de riesgo en un momento dado, especialmente si la organización no está haciendo bien las cosas con relación a algún tema social.

Tipo 3. «Cotillas»: son aquellos que crean un perfil básico con la intención de observar, más que participar. Son difíciles de movilizar para que participen. Representan a todos aquellos que sabemos que nos siguen, pero que nunca han hablado, compartido o interactuado de algún modo con la comunidad virtual o sus gestores. Suele ser una gran parte de los seguidores, por lo que se debe concentrar, en la medida de lo posible, una gran parte de nuestros esfuerzos sobre ellos.

Tipo 4. «Saturadores»: comparten todo lo que encuentran, sin filtro ninguno. Suelen saturar la red de sus contactos. Este tipo de perfiles son muy interesantes para la organización, pues en un momento dado pueden servir de nodo para campañas de viralización.

Tipo 5. «Dramáticos»: están enganchados al dramatismo. Solo comparten e interactúan con historias sorprendentes y dramáticas que suelen conmover a la comunidad. Conviene tener cuidado con ellos, pues son un blanco fácil para los *hoax* o bulos en la gran red: mensajes falsos dramáticos que buscan ser viralizados y destruir la reputación de una organización, producto, servicio, etc. (por ejemplo, uno de los más conocidos es el que advierte de que MSN se vuelve de pago). Es recomendable estar al tanto de este tipo de historias falsas.

Tipo 6. «Divinos»: son aquellos perfiles básicamente hedonistas enmascarados detrás de una falsa humildad en sus comentarios. Necesitan que se les tenga muy en cuenta, pues son demandantes de atención constante, lo que les convierte en un perfil de riesgo, dado que pueden querer participar con lo primero que se les ocurra solo por esa necesidad. Conviene prevenir que no absorban toda nuestra atención y nos hagan perder demasiado tiempo.

Tipo 7. «Divagantes»: suelen compartir mensajes llenos de incógnitas y vacíos de contenido que no aportan nada a la comunidad. La mayor parte de las veces actualizan su estado con frases irónicas o depresivas del tipo «preguntándose si todo vale la pena». Estas frases y mensajes provocan que su red de amigos les pregunte qué les sucede y se interese por ellos. Son más pasivos que activos.

Tipo 8. «Reveladores»: apasionados, les encanta contarlo todo sobre todo. En bastantes ocasiones «meterán la pata» al hablar de más, por ejemplo compartiendo su opinión sobre el final de una película que todavía no se ha estrenado o desvelando información que impide el correcto funcionamiento de una actividad. Pueden estropear alguna de nuestras campañas, así que hay que procurar que no les resulte fácil llegar a la clave de la misma.

Tipo 9. «Sarcásticos»: son tremendamente irónicos y negativos, llenan sus muros y comparten toda información enjuiciada por ellos con la intención de quedar por encima y demostrar su inteligencia. Son un perfil de riesgo, pues pueden reventar una actuación con sus mensajes irónicos o de «insultos enmascarados» agriando el ambiente.

Tipo 10. «Equilibrados»: es el perfil social que en las redes se comporta de manera normal, equilibrando cada uno de los comportamientos de los nueve tipos anteriores.

Técnicas de dinamización de una comunidad virtual

Para que una comunidad virtual cumpla con los objetivos que nos hemos propuesto necesita ser estimulada. La creatividad y pericia del CM serán la clave del éxito. Evidentemente estar al día en las tendencias sociales ayuda a no perder el hilo de lo que se está hablando y a mantener la comunidad siempre en la punta de lanza.

Algunas de las principales técnicas de dinamización son las siguientes:

a) Concursos y juegos con premio

Una de las técnicas más recurridas para animar a la comunidad a movilizarse suelen ser los concursos o juegos con algún premio que incentive. Este tipo de técnicas de gamificación no se proponen aleatoriamente, sino que persiguen un objetivo muy concreto, como dar a conocer un nuevo producto o servicio, pedir a la comunidad su opinión, utilizar a la comunidad para probar posibles nuevas líneas de negocio, mejorar la reputación de la organización, capturar datos de posibles clientes o ampliar la información de lo que ya lo son, etc.

Un buen ejemplo es BBVA Game, con el que los clientes de este banco consiguen puntos por cumplimiento de datos, operaciones, compras, etc. Posteriormente se pueden canjear los puntos por todo tipo de regalos.

Aunque no utilizan una red social, sirve de muestra de cómo se puede dinamizar la participación de una comunidad, en este caso, los clientes de un banco, algo que *a priori* podría parecer hasta casi imposible.

Los concursos y/o juegos suelen requerir 3 fases:

- Objetivos y planificación: en esta fase nos planteamos qué objetivo queremos cubrir y en qué va a consistir el juego. Planificamos los tiempos, los recursos, los canales, el argumento, las actuaciones, etc.
- Puesta en marcha: es el momento en el cual el concurso está en funcionamiento. El CM tiene un peso específico en esta fase, pues es el encargado de que la campaña adquiera el mayor alcance posible para que sea todo un éxito. Tendrá trabajo extra, pues deberá responder preguntas, resolver incidencias y hacer todo lo que esté en su mano para que funcione perfectamente. Por otro lado, mientras la campaña está activa, también deberá ser analizada para conocer índices como el de viralización, si está teniendo repercusión sobre el objetivo propuesto, etc.
- Cierre de campaña: un buen final resulta imprescindible. Generalmente se publican los resultados, se hacen agradecimientos de modo global, se felicita a los ganadores, se automatiza una respuesta a todos los participantes, etc. Por último se realiza el análisis final de toda la campaña y se evalúa con la intención de poder mejorarla para próximas ocasiones.

Los concursos y premios son técnicas que se utilizan muy de vez en cuando, pues suelen requerir un desarrollo bastante elaborado para alcanzar nuestros objetivos. Son, por tanto, ideales para campañas muy concretas.

b) Encuestas y debates

Otra magnífica manera de conseguir interacción con la comunidad es preparar una batería de encuestas y debates que en numerosas ocasiones pueden estar diseñados con el fin de preguntar aspectos relacionados con los hábitos de consumo de nuestros productos, procesos de compra, sugerencias de uso, medios de comunicación, etc. Este tipo de dinámicas permite generar un gran flujo de información para enriquecer a la comunidad desde múltiples aspectos, como por ejemplo para comparar datos estadísticos recopilados por el departamento de *marketing* y la realidad social de nuestros consumidores.

Una muy conocida se basa en preguntarle a nuestra comunidad qué redes sociales utiliza. Esta es una información que puede ayudarnos a conocer si debemos ampliar o no los canales de comunicación social o si hemos acertado con ellos en el diseño de nuestra estrategia de comunicación *online*.

Las encuestas y los debates son fáciles de preparar y pueden ser utilizados como una técnica de dinamización frecuente.

c) Eventos

Similar a los concursos, los eventos sirven para potenciar un aspecto concreto de la organización que en un momento dado se pretende resaltar o dar relevancia. Requieren una elaborada preparación y diseño para convertirlos en un acontecimiento de éxito social, como por ejemplo una entrevista en directo o una convocatoria para movilizaciones sociales, si hablamos de la comunidad virtual de una ONG. También podemos convocar eventos relacionados con la entrega de muestras gratuitas en diversas ciudades, inscripciones a deportes que patrocinemos, una exposición en nuestra fundación, una proyección de una película para nuestros empleados, etc.

Los eventos ayudan a reforzar los lazos de fidelización con toda la comunidad más allá de los límites virtuales y generalmente son propuestos por la propia organización que solicita al departamento de comunicación que les dé la mayor visibilidad posible. Será el CM el encargado de darlos a conocer a través de las redes sociales donde esté presente la comunidad virtual. Además, buscará la manera de rentabilizar el evento provocando la interacción mediante preguntas y comentarios.

d) Contenidos multimedia y comentarios

Es la técnica de dinamización más conocida y utilizada en las redes sociales. Sin embargo, debemos comprender que no se trata de rellenar nuestro perfil social desesperadamente con cualquier cosa, sino que buscamos incorporar contenidos de interés que inciten a la charla, al debate, o a alguna interacción del tipo «me gusta» en Facebook. Contenidos que hagan nuestra comunidad lo suficientemente atractiva para que usuarios, consumidores y clientes deseen hacerse miembros y participar en ella.

Los contenidos deben ser lo más originales y creativos posibles, siempre alineados con la personalidad de la organización y centrados en los objetivos marcados para la creación de la comunidad, comenzando por el de hacer crecer la comunidad con nuevos miembros constantemente.

Podemos recurrir a todo tipo de contenidos: viñetas, chistes, vídeos, frases, artículos, fotografías, infografías, etc. En general, el tipo de contenido vendrá dirigido por el canal seleccionado.

Gestión de crisis en las redes sociales

Un caso bien conocido es el de United Airlines y la guitarra del músico David Carroll. La aerolínea rompió una guitarra de 3.000 dólares de este músico de *country* y cuando Carroll reclamó en las oficinas de la compañía se encontró con una organización que le ignoraba y que tenía muy poco interés en resarcirle. Lo intentó también en varias ocasiones a través del *call center* y la respuesta siempre era la misma: una negativa. Finalmente, sintiéndose impotente, utilizó el arma que mejor dominaba: la música. Creó un vídeo titulado *United Breaks Guitars* (United rompe guitarras) con una letra pegadiza y unas imágenes contundentes describiendo lo sucedido y lo compartió en Youtube para advertir a otros clientes de la compañía aérea.

A día de hoy el vídeo se ha visto más de 13 millones de veces[24]. El caso se volvió tan popular que incluso existe una entrada en Wikipedia con el título «*United Breaks Guitars*»[25] en la que se detalla el caso incluyendo fechas y

24. http://youtu.be/5YGc4zOqozo
25. http://en.wikipedia.org/wiki/United_Breaks_Guitars

reacciones de los protagonistas. Para entender las dimensiones de esta crisis incluyo un fragmento traducido de la letra de la canción:

United...
Rompiste mi guitarra Taylor
United...
¡Vaya ayuda eres!
Tú la rompes, tú deberías arreglarla
Eres responsable, solo admítelo
Debí de haber volado de otro modo
O haber ido en coche
Porque United rompe guitarras
Cuando aterrizamos en Nebraska, confirmé mis sospechas
Mi Taylor había sido víctima de un acto maléfico en O'Hare
Así comenzó una saga de un año, de pasar la pelota, no me preguntes, y lo siento, señor, no va a conseguir nada con su reclamación.
Recurrí desde Nueva York a Nueva Delhi, incluida la distinguida Sra. Irlweg, quien tuvo la última palabra, que fue no.
He oído todas las excusas,
y he perseguido a vuestros gansos salvajes.
Esta actitud vuestra os digo que tiene que acabar.

Como gestores de comunidades virtuales podemos encontrarnos ante una situación como esta, pues no controlamos todos los procesos y actuaciones de la organización para la que trabajamos. Entonces, ¿cómo resolver una crisis en las redes sociales?

Según la tercera acepción del diccionario de la RAE una crisis es una «situación de un asunto o proceso cuando está en duda la continuación, modificación o cese». Una crisis en las redes sociales puede dañar seriamente la reputación de la organización y con ella reducir el consumo de sus productos o servicios. Incluso pueden caer sus acciones. Por increíble que parezca, puede llegar a afectar hasta a las relaciones con sus proveedores. Así pues, en definitiva, el *social media* y las redes sociales se han convertido en un territorio donde los consumidores pueden compartir su frustración y por tanto mostrar a la luz pública internacional todas aquellas malas prácticas que los consumidores consideran que deberían ser modificadas.

Para resolver una crisis de reputación *online* lo más importante es la agilidad. Ahora bien, ¿cómo saber si una determinada actuación puede ser una crisis? Pondré un ejemplo personal. Hace tiempo, Pinterest borró mis tableros por un fallo de su aplicación. Sin embargo, mi perfil *online* decía que existían, ¡pero no los mostraba! No sabía qué hacer. Así que usé mi cuenta de Twitter @Evamoya_co para hacérselo saber a ellos y a mis seguidores. Aproveché el *hashtag* #socialmedia porque sabía que tendría más impacto y que así me prestarían algo más de atención. Dicho y hecho, a las pocas horas me «devolvieron» mis tableros. ¿Puede considerarse que mi actuación era crítica? Evidentemente no. En mi estrategia solo buscaba llamar la atención, pero sin destruir, pues estaba convencida de que un simple toque de atención les serviría para revisar mi cuenta. ¿Pero qué hubiera pasado si me hubieran ignorado? Podría haber seguido escribiendo y bombardeando todas las redes y blogs con la idea de que Pinterest es inestable y dañando así su reputación en un momento en que comenzaba a ser considerada como una red social muy atractiva.

Por tanto, cuando gestionamos una comunidad virtual, gran parte de la inteligencia se dirige a monitorizar y estar alerta a todo lo que está sucediendo. Si cortamos a tiempo cualquier descontento evitaremos llegar al incendio. Y en este sentido, el CM tiene mucho que decir, pues no se puede convocar al «gabinete de crisis» por cualquier manifestación espontánea en contra de nuestros intereses.

Será el propio CM quien solucione y filtre aquellas situaciones que pueda resolver rápidamente por su cuenta, gestionando adecuadamente la incidencia y poniendo en práctica su mejor habilidad para las relaciones públicas. Aunque para ello será indispensable que la organización le dote de las herramientas y recursos necesarios.

Cuando salta la liebre y no somos capaces de «pillarla»

La mayor parte de las posibles situaciones críticas son simples sustos, que bien gestionados por el CM evitan los futuros incendios. Sin embargo, por mucho que deseemos controlar la situación, en ocasiones sí puede saltar la liebre de una verdadera crisis en las redes sociales que provoque un incendio en nuestra comunidad virtual.

Veamos 3 indicadores de riesgo que pueden crear una verdadera crisis. La combinación de los tres es realmente explosiva.

1. Ataque directo o indirecto a la reputación de nuestros productos o servicios, a nuestra gestión o a nuestro equipo directivo y sus decisiones

Cuando descubrimos un mensaje o argumento contrario a nuestros intereses, lo primero que debemos preguntarnos como gestores de la comunidad virtual es si ataca directamente a pilares clave de la reputación de la organización. Burger King tuvo que afrontar hace unos meses el pirateo de su cuenta de Twitter, reconfigurada con el aspecto de su competencia más directa, McDonald's. Podemos imaginar el bochorno de ambas compañías. Evidentemente McDonald's salió rápidamente a confirmar que no habían sido ellos y a solidarizarse con sus compañeros de sector.

Figura 1. Pirateada la cuenta de Burger King en Twitter

(Fuente: Twitter de Burger King)

Este es un ejemplo de ataque directo a una de las partes clave de la organización: la reputación de la compañía, pues el mensaje resultaba muy humillante «La cuenta oficial de Burger King EE.UU en Twitter acaba de ser vendida a McDonald's porque el *Whopper* ha sido un fracaso»[26].

26. E. Arrieta, «La cuenta de Burger King en Twitter, hackeada», *Expansión*, 18 de febrero de 2013, http://www.expansion.com/2013/02/18/empresas/digitech/1361211914.html

2. Perfiles de influencia relevantes para su comunidad involucrados

Para que un mensaje tenga el alcance suficiente suele ser necesario que algún perfil considerado «de influencia» dentro de su comunidad física o virtual decida apoyar la campaña. Estos perfiles generadores de opinión pueden ser una organización, un medio de comunicación o simplemente individuos con gran poder de convocatoria. Cada organización deberá contar con un listado completo de información sobre aquellos perfiles de influencia que afectan a su sector y la forma de ponerse en contacto con ellos, llegado el momento, si fuese necesario para negociar.

En términos generales muchas ONG han descubierto que a través de ataques a la reputación pueden forzar a casi cualquier organización a negociar sus exigencias, de manera que se han vuelto expertas en la guerra cibernética contra la reputación de las marcas y otras organizaciones. Greenpeace es una de las más proactivas en este sentido. Una de sus campañas más agresivas la llevó a cabo contra KitKat y el aceite de palma que utilizaba para elaborar sus productos. Para la elaboración de este aceite se estaban destruyendo miles de hectáreas que afectaban a los chimpancés de Indonesia. Greenpeace creó un vídeo donde mostraba con toda crueldad las consecuencias de la producción del conocido chocolate de Nestlé. Finalmente el 17 de mayo de 2010 Nestlé se comprometió a no contratar los servicios de compañías involucradas en la deforestación[27].

---

27. «Sweet success for Kit Kat campaign: you asked, Nestlé has answered», *Greenpeace*, 17 de mayo de 2010, http://www.greenpeace.org/international/en/news/features/Sweet-success-for-Kit-Kat-campaign/

Como decimos, es especialmente importante monitorizar las actividades de aquellos perfiles que previamente el *social media strategist* y/o el *social media analyst* han detectado como influyentes para nuestra organización. Por su parte el CM deberá conocer quiénes, de entre los seguidores de la comunidad, podrían hacer daño con sus mensajes e incendiar la comunidad que gestionamos o incluso ir más allá.

3. Aumenta la viralidad del mensaje con el paso de las horas

Si vemos que con el paso de las horas el mensaje se difunde cada vez más rápido y a más gente, a través de múltiples canales, hay que ponerse rápidamente manos a la obra. Para saber detectar a tiempo un mensaje sensible de ser viralizado deberemos tener en cuenta dos preguntas fundamentales:

- ¿Es el mensaje lo suficientemente sorprendente o divertido como para que todo el mundo lo comparta en nuestra comunidad y fuera de ella? (como el vídeo contra United Airlines).
- ¿Alude el mensaje a algún tipo de mala práctica por parte de nuestra organización que atente a la salud pública, los derechos humanos, el medioambiente, etc.? (como el caso de KitKat).

Si la respuesta es afirmativa en alguno de estos 3 indicadores conviene mantenerse alerta.

Por último, hay que tener en cuenta que los clientes con poca presencia en redes sociales, si saben manejar adecuadamente la comunicación, también pueden convertirse en un verdadero problema. Sin embargo, necesitan mayor esfuerzo para ser escuchados y para convertir su mensaje en viral, por lo que el CM tendrá más tiempo para gestionar la incidencia, avisar a los responsables o al gabinete de crisis en caso de que el conflicto vaya en aumento.

Contención de la crisis

a) Gabinete de crisis

Si finalmente se ha creado el incendio hay que convocar al gabinete de crisis[28]. El gabinete debe estar designado con anterioridad junto al plan de contención.

Los gabinetes de crisis suelen estar formados por miembros de distintos departamentos, pues una crisis es una situación de riesgo para todos. Así, deben estar presentes miembros del departamento legal, para no tomar decisiones que vulneren las leyes o que puedan llevarnos a los juzgados; del departamento financiero, para conocer qué recursos económicos podemos tener disponibles para afrontarla; y el responsable de comunicación, que asesorará sobre cómo abordar el tema en los medios de comunicación y las redes sociales.

Será el gabinete el que ponga en marcha el plan contra la crisis y estará activo hasta que consiga reconducir la situación, tomando las decisiones que sean pertinentes.

---

28. «Crisis en redes sociales: pautas para afrontarla y "pecados" a evitar», *BBVA*, http://www.bbvacontuempresa.es/fondo/redes-sociales/crisis-en-redes-sociales-pautas-para-afrontarla-y-pecados-evitar

b) Argumentario

El argumentario contra las crisis de comunicación es una herramienta absolutamente indispensable que todas las organizaciones deben tener diseñada con antelación. Incluye aquellas áreas y temáticas a través de las cuales podría venir una crisis de comunicación, y por lo tanto, un posible ataque a través de nuestra comunidad virtual.

El argumentario permite al gestor o gestores de la comunidad virtual responder inicialmente mensajes sensibles sin tener que convocar al gabinete, aunque siempre deberá informar a su superior de lo que ha sucedido por si aumenta la agresividad.

Por norma general, en las redes sociales y especialmente cuando surge una crisis:

- Sé humilde y reconoce los errores. Te hará más fuerte.
- No mientas. Tarde o temprano se sabrá la verdad y eso incendiará más tu comunidad.
- Pon atención real a lo que te están solicitando y revisa aquello que puedas mejorar en la organización para que no vuelva a pasar.

Observar y monitorizar después de la crisis

Una vez que hemos conseguido reconducir la crisis debemos mantenernos alerta como gestores para evitar que vuelva a resurgir y para volver a fortalecer nuestra posición frente a los miembros de nuestra comunidad virtual en las redes sociales.

Si la hemos conseguido reconducir adecuadamente, es posible incluso que hayamos mejorado la percepción de nuestra organización a posiciones mejores que las que teníamos previamente. Es lo que le sucedió a Boeing en el caso del avión diseñado por el niño de 8 años Harry Winsor, que ya hemos mencionado antes. Boeing utilizó Twitter para responder a los seguidores del niño, ganándose la confianza de las redes sociales y de la comunidad virtual creada a raíz de la crisis, con mensajes tan acertados como este: «Somos expertos en hacer aviones, pero novatos en el *social media.* Vamos aprendiendo a medida que avanzamos»[29].

Algunas herramientas útiles

Igual que sucede con los canales para crear comunidades virtuales, existen cientos de herramientas que podemos encontrar en internet para la gestión y el análisis de redes sociales. Como dice el dicho, «cada maestrillo tiene su librillo»; así pues, es responsabilidad del gestor de comunidades virtuales conocer diversas herramientas y crear su propia configuración de recursos. No hay mejores y peores, simplemente cada una es más eficaz para unas cosas y menos para otras.

En esta sección abordaremos un pequeño kit de herramientas gratuitas o de muy bajo coste que, una vez dominado, puede ayudar al *community manager* y al *social media analyst* a realizar bien su trabajo.

29. Stephanie Clifford, «Boeing's Social-Media Lesson», *Media Decoder, The New York Times*, 3 de mayo de 2010, http://mediadecoder.blogs.nytimes.com/2010/05/03/boeings-social-media-lesson/?ref=technology&_r=0

Gestión

Hootsuite (http://*ww.hootsuite.com)*. Sin lugar a dudas es la herramienta estrella de casi todos los profesionales, con el paso del tiempo ha sabido adaptarse a las necesidades de los gestores de comunidades. Este escritorio permite gestionar varias cuentas a la vez en los canales más comunes (incluyendo, por ejemplo, los grupos de LinkedIN). Por otro lado, permite dirigir la gestión de las campañas asignando distintos usuarios y roles para los mismos, de modo que puede haber varios gestores trabajando con una misma cuenta. Esto es especialmente útil para grandes multinacionales, como The Coca-Cola Company, usuaria de esta herramienta.

Figura 2. Hootsuite

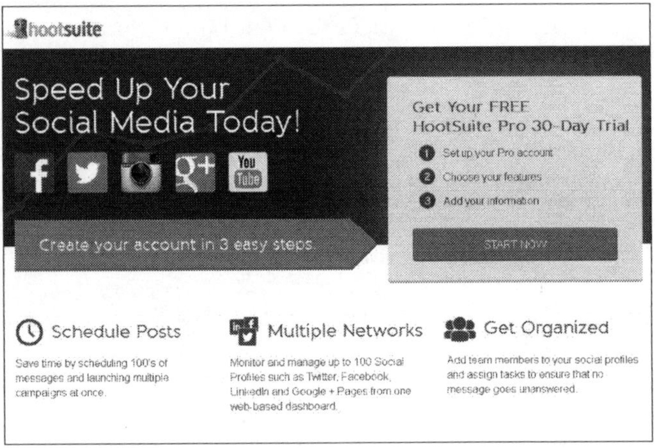

Thank4follow *(http://www.thanks4follow.com)*. Es una conocida herramienta para automatizar un mensaje de bienvenida en Twitter. De esta manera no tendremos que ir uno a uno con nuestros nuevos seguidores. Lo normal es añadir algún enlace interesante en ese mensaje.

Tendencias

Trendsmap (http://trendsmap.com/). Una de las tareas básicas de un buen CM es conocer de qué se está hablando y qué aparece como tendencia social en las redes sociales. Una de las mejores aplicaciones es Trendsmap, que nos permite monitorizar las tendencias por países y conocer qué perfiles de Twitter están hablando de ello.

Figura 3. Trendsmap

Hashtagify.me (http://hashtagify.me). Una magnífica aplicación para conocer los *hashtags* más utilizados o populares respecto a un contenido. De esta manera, el CM puede ampliar el alcance del contenido que está publicando en Twitter, buscando obtener el mayor impacto posible.

Figura 4. Hashtagify

Análisis

SocialBro (http://www.socialbro.com). Es otra magnífica aplicación para Twitter, muy utilizada por los profesionales. SocialBro nos permite saber prácticamente todo sobre nuestra comunidad virtual en Twitter. Incluye un perfilado muy bueno de nuestros seguidores junto con el indicador de influencia de Kred (alternativa a Klout), que muestra el alcance social de cada perfil. Así podremos determinar quién en nuestra comunidad es un perfil de influencia. También nos dice quién nos ha dejado de seguir y hace visible nuestra red al completo.

Figura 5. SocialBro

Facebook Insights (http://www.facebook.com/FacebookInsights). Si hemos creado una comunidad virtual en Facebook, podemos aprovecharnos de toda la información que ofrece la propia herramienta. Es especialmente útil para conocer incluso el alcance de nuestros mensajes y hasta qué punto estamos consiguiendo que se hagan virales. Además, será relativamente fácil conocer datos sociodemográficos como la edad y el lugar de conexión de nuestros seguidores para adaptar todavía mejor nuestros contenidos.

Crowdbooster (http://crowdbooster.com). Muy buen producto para hacer un análisis profundo de nuestras cuentas de Twitter y Facebook. Además, facilita varios consejos sobre nuestra red de seguidores y a quienes seguimos. Especialmente interesante para labores de «inteligencia de las relaciones públicas» (PRINT).

Topsy (http://www.topsy.com). Orientada especialmente a Twitter, esta aplicación facilita el análisis de tendencias y las personas más influyentes en las mismas.

Además, permite un sencillo filtrado según los elementos que queramos analizar para comprender mejor cómo están evolucionando los contenidos de un *hashtag* o concepto que hayamos buscado, como por ejemplo el idioma de los mensajes. Por último, puede ser muy interesante analizar la barra de «sentimiento» para conocer si la tendencia está movilizando comentarios positivos o negativos.

Figura 6. Topsy

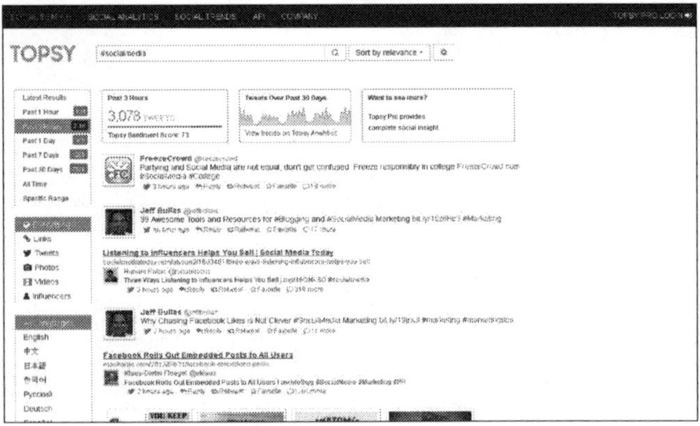

Pinterest Analitycs (http://business.pinterest.com/analytics/). Es una herramienta magnífica cuando hemos abierto una comunidad en Pinterest. Aunque se viene utilizando por parte de organizaciones y marcas especialmente para campañas de *marketing*, con un poco de imaginación puede aprovecharse además para enriquecer una comunidad virtual.

ESCUCHAR A LA COMUNIDAD: OPTIMIZAR LA INTELIGENCIA COLECTIVA

Hasta hace muy poco tiempo toda la atención sobre las redes sociales y las comunidades virtuales se basaba en abrir un perfil interesante para tener muchos seguidores y adquirir una buena reputación en el *social media*. Aun sin tener demasiado claro el ROI (indicador de retorno de inversión) de una comunidad virtual, las organizaciones han percibido que merecía la pena estar.

Poco a poco la presencia se ha ido profesionalizando, y gracias a esta profesionalización aparecen cada día nuevas oportunidades para las organizaciones que dan el salto a crear su propia comunidad. Entre estas nuevas oportunidades se encuentra el aprovechamiento de la inteligencia colectiva generada entre todos los miembros que participan en ella. Cantidad de datos y de información interesante puede ser volcada en nuestra comunidad virtual si sabemos hacer bien las cosas y mantenemos los ojos abiertos.

La inteligencia colectiva como fuente de información

¿Ha tenido el lector la ocasión de leer y aprovechar alguna vez información recogida en Wikipedia? Si la respuesta es que sí, ya tiene una evidencia de las posibilidades de la construcción de conocimiento de manera colectiva. Si la respuesta es no (respuesta cada vez más improbable), le recomiendo que la visite (http://www.wikipedia.org) en cuanto pueda, para experimentar el resultado de años de esfuerzo de voluntarios dispuestos a crear la mayor enciclopedia virtual de la historia de internet. La experiencia de Wikipedia[30] es un claro ejemplo de éxito en la creación de una comunidad virtual que ha marcado el camino para todas las que han venido después y en especial para las originadas en las redes sociales.

Merece la pena saber además que la propia comunidad de Wikipedia ha sabido regularse a sí misma y ha creado perfiles para publicación y revisión de contenidos y estándares de publicación. Miles de personas de todo el mundo se han ido agregando a esta comunidad para poner a disposición de internet conocimiento de todo tipo de áreas y en casi todos los idiomas.

La inteligencia colectiva en el mundo virtual de la que es tan buen ejemplo Wikipedia está llamando la atención de investigadores y estudiosos de la antropología, como Pierre Lévy, autor del libro *Inteligencia colectiva: por una antropología del ciberespacio*[31], que recomiendo leer si se quiere profundizar en estos temas.

La inteligencia colectiva se basa en la idea de que todos los seres humanos tenemos un amplio conocimien-

30. Véase en esta misma colección: Tomás Saorín (2012), *Wikipedia de la A a la W*. Barcelona: UOC, colección «El profesional de la información», n.º 8.

31. Pierre Lévy (1999), *Collective Intelligence: Mankind's Emerging World In Ciberspace*. Cambridge: Perseus Books.

to, pero no tenemos el tiempo necesario para conocerlo todo. Generalmente, a medida que maduramos como individuos, nos vamos especializando en aquello que nos resulta de más interés, ya sea por motivos profesionales o por entretenimiento. Así, nos vamos convirtiendo en conocedores de muchas cosas pero especialistas de solo unas pocas.

Ahora imaginemos un gran puzle. Cada uno de nosotros podemos ser una pieza, pero nunca podremos percibir la hermosura completa si no trabajamos en equipo con otras piezas para construir el puzle que queremos. En esencia, la inteligencia colectiva funciona de la siguiente manera: múltiples personas con múltiples conocimientos y perspectivas de los mismos para alcanzar un fin mayor, algo que por sí solas no podrían alcanzar o tardarían demasiado tiempo en conseguirlo.

Como el lector posiblemente está comprendiendo ya, la inteligencia colectiva va muy ligada al flujo de información en forma de red social, pues no hay jerarquías ni autoritarismos de ningún tipo que impongan —por encima de las demás piezas del puzle— su visión de las cosas. Sin embargo, sí se hace necesario un marco de referencia (pactado entre los que crean el proyecto y los miembros del mismo) y un uso del lenguaje similar para que todos en la comunidad trabajen en la misma dirección.

Como el propio Lévy comenta, hoy por hoy se desperdicia un sinfín de información que podría ayudar a mejorar la sociedad. Si aplicamos esta reflexión a las organizaciones nos encontramos en la misma situación. ¿Cuántas veces desconocemos que la información que necesitamos para nuestro trabajo la tiene el departamento de al lado? Otra de las razones por las que las wikis y comunidades internas virtuales funcionan tan bien en intranets.

La aplicación de esta práctica al mundo empresarial da lugar al *crowdsourcing*. Se trata de un término publicado por primera vez en 2006 en la revista *Wire*[32] para definir aquellas actividades o prácticas encaminadas a externalizar ciertas necesidades de la organización sobre grupos abiertos de personas sin definir que participan voluntariamente en el desarrollo del proyecto. Un curioso ejemplo son las aplicaciones para personalizar zapatillas deportivas. Cada vez que un usuario compra un diseño, la empresa lo guarda y lo compara con otros diseños de otros clientes. Si se repite mucho algún color o dibujo, se genera un patrón que posteriormente se vende de forma genérica en el mercado. Este tipo de prácticas ha resultado ser uno de los mejores estudios de mercado que existen hoy día.

¿Pero dónde encajan las redes sociales en todo esto? Recordemos que son simples herramientas de comunicación que facilitan el tránsito de todo tipo de mensajes en todo tipo de formatos, incluyendo pequeños juegos. Por tanto, no son las redes en sí, sino la comunidad virtual que conseguimos construir en torno a ellas la que puede llevar a nuestra organización a otro nivel. Si la incentivamos adecuadamente, conseguiremos que toda la información y los datos que fluyen a través de ellas puedan ser incorporados en forma de mejoras para cualquier área, reforzando además los lazos con la comunidad, que se sentirá parte de la misma al tener una experiencia directa

32. Jeff Howe, «The Rise of Crowdsourcing», *Wire*, 14 de junio de 2006, http://www.wired.com/wired/archive/14.06/crowds.html

de participación en su evolución. En definitiva, «clientes más felices y por tanto más fieles».

Diseño de una estrategia de inteligencia colectiva para redes sociales

Como llevamos tratando desde el principio de este libro, cualquier acción de inteligencia en las redes sociales deja muy poco margen a la improvisación. Todo debe estar muy pensado y planificado desde el principio para optimizar los resultados.

Por tanto, si pretendemos crear una comunidad virtual en las redes sociales para capturar información de interés para la organización necesitamos diseñar una estrategia.

a) Objetivos

Los objetivos, que pueden ser muy diversos, vendrán marcados desde un departamento o departamentos concretos de la organización. Aun así, los profesionales CM, SMA y SMS pueden hacer sugerencias a la dirección sobre líneas interesantes a abordar.

Algunos de los objetivos de inteligencia más comunes son:

- *Marketing*: estudio de mercado de productos y nuevas líneas de negocio. También información sobre hábitos de consumo.
- Publicidad: detección de tendencias y claves para diseño de anuncios más eficaces.
- Marca y comunicación: análisis de la reputación *online* y la percepción de la marca tanto para

comunidades externas como para comunidades internas de la propia organización.

- Recursos humanos: búsqueda de empleados con información enriquecida más allá de su *curriculum vitae.*
- Gestión del conocimiento: en comunidades internas, aprovechamiento del *know how* de todos los empleados para procesos de mejora; en comunidades externas, captación de información para mejoras desde el punto de vista del usuario o cliente.
- Responsabilidad social corporativa: permite detectar tendencias sociales para conocer la sensibilidad de la comunidad virtual y enfocar mejor las campañas.

b) Recursos

Para desarrollar este tipo de actuaciones en las redes sociales conviene elegir muy bien el canal. Como ya hemos hablado sobre ello en «Dinamizar y vertebrar la comunidad» no nos extenderemos de nuevo. Simplemente quiero recordar al lector que hoy por hoy la mayor parte de la tecnología de análisis y captación de información se desarrolla sobre Facebook y Twitter. Por tanto, en función del volumen de información que deseemos alcanzar, tal vez sea mejor ceñirse a estos dos canales, lo que facilitará las cosas a nuestros desarrolladores.

En cuanto a los recursos, no van mucho más allá de lo que ya se ha planteado en este libro para crear con inteligencia cualquier comunidad. Sin embargo, probablemente será necesario el apoyo de alguna aplicación que facilite la captura de información, como por ejemplo encuestas, wikis o juegos. En definitiva, aplicaciones que permitan una interacción total al usuario y que se mantengan orientadas a nuestro objetivo.

Pongamos un ejemplo. El coche Citroën C1 Connexion fue diseñado en gran parte por la comunidad virtual de Citroën en Facebook[33]. La campaña se basó en el desarrollo de una aplicación específica para Facebook que preguntaba a los seguidores por el color, el número de puertas y los accesorios imprescindibles. Se realizó bajo el *claim* «Te gusta, nosotros lo hacemos» y consiguió cientos de participantes que dieron su opinión para la construcción del nuevo modelo. Evidentemente el papel de los CM fue clave para incentivar la participación, aprovechando las circunstancias para reforzar la imagen de la marca y los lazos con la comunidad virtual.

Figura 7. Campaña de Citroën C1 Connexion

33. Chris Hall, «Citroën C1 Connexion: The Facebook crowdsourced car», *Pocket-lint*, 31 de enero de 2013, http://www.pocket-lint.com/news/119283-citroen-c1-connexion-facebook-car#

Métodos y técnicas de obtención y análisis de resultados

Las campañas de inteligencia colectiva generan gran cantidad de datos, al fin y al cabo, esa es su finalidad. En función de la complejidad de lo que proponemos deberemos automatizar o no la recogida de información. Por ejemplo, The Coca-Cola Company y la red social eYeka crearon una campaña en 2012 específica para recoger ideas para futuros anuncios publicitarios a emitir en todo el mundo bajo el *claim* «*Energizing refreshment*». En pocos días recibieron miles de ideas de todas partes del mundo para las diversas categorías de la campaña, alcanzando tales resultados en calidad y originalidad que el propio O'Grady, director de comunicaciones integradas de *marketing* de Coca-Cola, reconoció estar impresionado[34].

Nos podemos imaginar que las miles de ideas recibidas no serían recogidas y categorizadas a mano, aunque finalmente fue un jurado quien seleccionó las mejores.

Por tanto, un mínimo de automatización siempre debe existir. No obstante, y pensando en pequeñas campañas para pequeñas y medianas organizaciones, incluimos en este libro un breve resumen de cómo se puede recopilar manualmente la información recogida de nuestra red social.

34. «Coca-Cola & eYeka: Interpreting "Energizing Refreshment" through online co-creation», *eYeka*, 22 de febrero de 2012, http://news.eyeka.net/2012/02/coca-cola-eyeka-interpreting-energizing-refreshment-through-online-co-creation/#sthash.xaBnQcvU.dpuf

a) Manual

La información manual puede recopilarse cuando las campañas son pequeñas y permiten al CM o equipo de CM recoger los comentarios y las interacciones que están sucediendo en el día a día.

Este tipo de obtención de información se suele hacer cuando las preguntas o retos que lanzamos a la comunidad virtual son abiertos. Esto significa que tomamos la decisión de abrir completamente el embudo de comentarios para que nos envíen todo lo que quieran.

En estas situaciones lo mejor es crear un formulario que permita realizar una pequeña categorización inicial para facilitar el proceso de filtrado de la información.

También se pueden recoger uno a uno los comentarios incluidos en la red. Para ello, una buena opción es utilizar la herramienta Excel y diseñar una categorización de partida para ir incluyendo los mensajes correspondientes en cada hoja que hayamos predefinido. También se pueden crear tablas en Word y rellenarlas conforme va entrando información.

Si se recurre a esta técnica, el propio CM puede ser el elemento de filtrado, pues es el más indicado para saber diferenciar lo que es ruido de lo que no.

Conviene que tras obtener la información cualitativa, también recojamos los datos cuantitativos para cruzarlos con el resultado global de la campaña.

Por ejemplo, si estamos recogiendo comentarios positivos o negativos de un debate que hemos abierto para conocer la sensibilización de la comunidad hacia algún aspecto podemos crear una tabla con tres columnas: *A favor*, *En contra* y *Neutral*, e ir guardando todos los comentarios a medida que se van emitiendo en la columna correspondiente. Al acabar la campaña podremos analizar los resultados y elaborar nuestras propias conclusiones. En nuestro análisis tendremos muy en cuenta métricas como el número de comentarios de las tres columnas y el porcentaje de relación entre los tres tipos.

Podemos imaginar que la campaña de *crowdsourcing* en la web «*My Starbucks idea*» (http://mystarbucksidea.force.com/) exige una categorización previa de la categoría a la que pertenece el producto (bebidas, procesos, facturación, etc.) para facilitar el análisis de las ideas que se van recibiendo de todas partes del mundo. Aunque en el caso de Starbucks se utiliza una plataforma más allá de las redes sociales, puede inspirarnos para campañas pequeñas procesadas de modo manual.

Por otro lado, si los CM disponen de una lista de limitaciones de la organización, también podrán realizar un filtrado de la información mucho más eficaz. Tal vez una idea recogida sea muy buena, pero por política interna, inversión demasiado elevada, etc., la organización se vea obligada a descartarla. En este sentido se puede crear un área para recoger todas aquellas ideas provenientes de la inteligencia colectiva de la comunidad que, si bien no son factibles a corto y medio plazo, tal vez sí puedan serlo a largo plazo.

Para determinar qué es o no interesante para la organización, los analistas de inteligencia pueden elaborar una matriz con indicadores y variables que pueden ir desde lo más importante a lo menos importante. Esta matriz plantilla puede permitirle a los CM cumplimentar adecuadamente los datos con los resultados de la campaña y optimizar así el tiempo de recogida de la información. Cuando finalice, se podrán identificar aquellas ideas realizables a corto y medio plazo. Además, en dicha matriz se pueden establecer categorías como urgente e importante en función de la información aportada por la comunidad, e incluso, por ejemplo, pueden llegar a estructurarse desde un principio aquellas ideas que requieren una modificación más profunda frente a aquellas que solo requieren pequeños cambios en el comportamiento de la organización.

Con la plantilla matriz cubierta, se recomienza realizar un *análisis de pros y contras* o un *análisis de riesgos* para evaluar desde todos los puntos de vista si incorporar o no lo sugerido.

b) Automatización

En la era de la infoxicación o exceso de información se hace prácticamente imprescindible contar con tecnología que nos ayude a obtener aquella realmente útil para nuestros intereses. En las redes sociales se publica demasiado ruido que, si bien puede entretener a la comunidad virtual, no le sirve de mucho a la organización. Si tuviéramos que ir revisando a mano cada comentario o cada interacción perderíamos mucho tiempo. Tiempo fundamental para que los CM dinamicen la comunidad y sigan promoviendo su enriquecimiento.

Para este tipo de campañas se recurre a herramientas que procesen *big data.* Se definen de partida los parámetros que se van a utilizar antes de la campaña y las «autopistas» por las que fluirán las respuestas y la participación de la comunidad. Supongamos el ejemplo de las zapatillas de deporte personalizadas antes mencionado. De antemano se definen los colores y los diseños que están permitidos por cuestiones de fabricación. A partir de ahí se pasa a explotar la aplicación por parte de los usuarios de la comunidad virtual. Hemos de tener en cuenta que para crear un patrón que sirva de éxito comercial en el mercado global necesitaremos que decenas de miles de usuarios confirmen sus gustos diseñando el mismo. Es aquí donde entran las tecnologías de *big data*, capaces de procesar miles de combinaciones y encontrar el patrón de diseño para las nuevas zapatillas. Existen varias soluciones en el mercado que permiten este tipo de servicios.

La creación de una wiki también puede ayudar en determinados casos a recopilar toda la información de la comunidad virtual. Es especialmente interesante para el diseño y la mejora de operativas y procesos, pues se va enriqueciendo conforme se mejora. En este caso se puede abrir la wiki a la comunidad o permitir que sean los CM quienes la enriquezcan con las ideas y sugerencias que se van recogiendo de la campaña. Eso sí, debemos comprender que las wikis evitan la duplicación de contenido, lo que nos sirve para afinar la información disponible, pero destruyen la información cuantitativa sobre, por ejemplo, cuántas personas nos han dado la misma idea. Así pues, como siempre, la clave está en la estrategia diseñada de partida para saber elegir muy bien la tecnología apropiada a nuestros intereses.

Difusión y puesta en valor de las conclusiones

De nada sirve realizar una campaña para aprovechar la inteligencia colectiva si luego no se utilizan los resultados del análisis de la misma para mejorar la organización. En este sentido, el análisis de inteligencia tiene por finalidad añadir valor a la información que se hace llegar a los que toman las decisiones, por ello resulta tan interesante para nuestros propósitos.

La metodología que utilizan los analistas de inteligencia se denomina *ciclo de inteligencia*, como ya hemos mencionado antes. Las cuatro fases de que consta se pueden considerar procesos: planificar, obtener, analizar la información y finalmente difundirla al decisor. Si bien las tres primeras fases constituyen el pilar básico para alcanzar los objetivos marcados en la estrategia, la última fase del ciclo, la difusión, resulta vital para dar a conocer nuestras conclusiones.

El CM tendrá que informar en numerosas ocasiones a sus superiores de cómo evoluciona su trabajo o una campaña concreta que está en marcha. Incluso es posible que pueda trasladar nuevas ideas para ser incorporadas en la organización, pero para ello debe saber mostrar la información más relevante por dos motivos: para que el decisor le entienda rápidamente y para vender «su idea», aquello que cree que puede servir para mejorar.

En el ámbito del análisis de inteligencia existen varios tipos de informes. Para las redes sociales podemos hablar de tres básicos que conviene que estén siempre presentes en cualquier organización:

a) Informes de situación (números). Son informes breves que muestran las métricas y los indicadores más importantes y su evolución para conocer cuál es la tendencia. En ellos también se muestran los sucesos más relevantes, por ejemplo si ha sucedido algo «fuera de lo normal» y cuál es la causa. Estos informes son bastante frecuentes; si la comunidad es muy grande y activa pueden presentarse todas las semanas, y si no es así, lo habitual es cada 15 días.

b) Informes de perfiles de influencia (personas). No tienen una frecuencia tan alta como los anteriores. Son informes elaborados sobre los seguidores de la comunidad virtual que mantenemos activa. Son imprescindibles para conocer quién nos lee o quién es nuestro público. Y entre ellos, quiénes son los perfiles con mayor influencia, capaces de cambiar la opinión del resto de la comunidad. Como ya hemos comentado anteriormente, conocerlos nos permitirá controlar mucho mejor nuestra comunidad.

c) Informes de opinión (contenido). Recogen un breve análisis de los comentarios de los miembros de la comunidad para conocer sus impresiones. De esta manera haremos frecuentes tanteos para conocer «cómo respira la comunidad virtual» y detectar con antelación posibles tormentas en el horizonte. Su frecuencia la decidirán los CM en función de la actividad de la comunidad, habitualmente entre 15 días y un mes.

En cuanto a la estructura que deberían tener los informes de inteligencia, a continuación propongo las áreas que se suelen abordar, aunque en gran medida será el decisor quien comente cómo los quiere:

a) Título del informe. Suele ser un resumen genérico de las conclusiones a las que hemos llegado. Conviene buscar uno lo suficientemente atractivo para que apetezca leer el informe, pero sin caer en sensacionalismos.

b) Resumen y/o conclusiones. Similar a las cabeceras de la mayoría de artículos periodísticos, debajo del título se suelen incorporar 3 o 4 líneas donde se resume lo que se va a tratar a continuación. Se pueden avanzar las conclusiones para que de partida el decisor conozca ya el resultado del informe. Tal vez prefiera leer el desarrollo y la argumentación en otro momento. De esta manera se habrá conseguido informarle en menos de 5 minutos.

c) Punto de partida. En muy pocas líneas se recuerda al decisor cuál es el punto en el que se está. Por ejemplo, si estamos llevando a cabo una campaña para captar nuevas ideas para diseñar nuevos productos, le recordaremos bajo qué términos se abrió la campaña y qué tenemos previsto.

d) Situación actual. Breve resumen del estado actual de la campaña (métricas, evolución, comentarios, primeros resultados, etc.). Dependiendo del decisor podrá tener más o menos contenido o estar más o menos resumido. Es preferible que siempre se le pregunte primero hasta dónde quiere saber.

e) Análisis. Tras exponer la situación actual llega el momento del análisis, que representa el grueso del informe. De él derivan las conclusiones e ideas centrales que deseamos transmitir y defender. Como ya hemos señalado, el análisis puede ser muy variado, desde el resultado de indicadores y *ratios* hasta análisis cualitativos, por ejemplo de comentarios y reacciones generados por debate.

Esta estructura ayuda a no divagar o rellenar los informes con datos que no resulten realmente interesantes y útiles al decisor. Sin embargo, en términos generales, podemos abordar algunos consejos que pueden servir de ayuda para atinar más en la elaboración de informes claros y muy atractivos:

- Crea una plantilla estandarizada con la imagen de la organización, pero que te sirva para reproducir siempre el mismo formato de informe o informes (en caso de que tengas que elaborar distintos tipos).
- Procura ser todo lo conciso que puedas. Evita las frases complejas y las redundancias. Los informes no se valoran «al peso» sino por la calidad del contenido. Más valen dos páginas bien centradas que decenas donde no se comenta nada importante.
- Utiliza esquemas muy visuales cuando necesites enumerar elementos, pues ayudará a que el lector entienda rápidamente la información con un simple vistazo.
- Incluye gráficas atractivas o infografías siempre que te sea posible, pero recuerda que más allá de un diseño bonito, estás buscando que se entienda rápidamente el contenido. Especialmente cuando quieras mostrar porcentajes o números, siempre viene bien compararlos con otros elementos para que se pueda entender su magnitud. Una buena gráfica ahorrará muchas líneas de texto y facilitará la comprensión del mensaje que se intenta transmitir.

En ocasiones es muy posible que la difusión deba hacerse de forma oral. Igualmente recomiendo al lector que tenga un pequeño informe realizado, pues le servirá de guía sobre lo que debe comentar. Por otro lado, tal vez más adelante el decisor solicite que se refleje por escrito lo comentado en la reunión. Así ya tendrá el trabajo hecho y actualizado con la información que se ha analizado en el momento, de modo que la memoria no nos juegue malas pasadas.

EPÍLOGO

A través de estas páginas en que hemos reflexionado juntos, hemos podido comprobar que las comunidades virtuales son una verdadera inversión para la organización, siempre y cuando estén profesionalizadas con estrategias y personas que sepan cómo aprovechar toda la información que se genera en ellas.

Hemos visto que crear una comunidad en las redes sociales desde el comienzo no es tan complicado como pudiera parecer a alguien ajeno a la profesión. Simplemente es imprescindible tener en cuenta los objetivos estratégicos que se desean alcanzar al desarrollarla y quién es el público objetivo al que deseamos dirigirnos. Teniendo claros estos dos aspectos desde el principio, el proyecto se asegurará un gran porcentaje de éxito. Los miembros que se vayan añadiendo a la comunidad percibirán coherencia y cohesión respecto a los contenidos y las relaciones existentes en la misma, y transmitirán a su vez una sensación de confianza, lo que permitirá generar el «buen ambiente» necesario para favorecer la expansión de la comunidad virtual y la fidelización de los nuevos miembros que se vayan incorporando.

La confianza de los miembros de la comunidad debe mantenerse con mucho mimo y cuidado. Al fin y al cabo, no gestionamos solo perfiles virtuales, en el trasfondo de la comunidad virtual estamos gestionando expectativas de personas reales que tienen sus intereses y sus dudas. Por ello es fundamental para el CM desarrollar buenas habilidades sociales y de relaciones públicas que le permitan enfrentarse al día a día de la comunidad de la mejor manera posible, para generar un clima agradable y a la vez saber corregir aquellas situaciones que puedan derivar en conflictos o que ya han estallado en un conflicto como tal.

Finalmente, el CM debe estar preparado para extraer la mayor información posible de su comunidad virtual, información que pueda ser útil para los procesos de mejora propios de la organización. Para ello conviene que conozca el marco y los procesos de la inteligencia colectiva y el *crowdsourcing*, disciplinas que irán adquiriendo cada vez más peso y fuerza en internet, a medida que evolucione, para volver a las organizaciones más competitivas, amoldándolas a las verdaderas necesidades y deseos de sus *stakeholders*.

Esperamos por último que este libro haya resultado de ayuda para clarificar conceptos e ideas y animamos firmemente al lector a experimentar sin miedo todo lo que puede dar de sí una comunidad virtual.

BIBLIOGRAFÍA

- **Blanchard, Oliver** (2011). *Social Media ROI. Managing and Measuring Social Media Efforts in Your Organization.* Boston: Pearson Education.
- **Fernández, Francisco** (2011). *Comunicación interna 2.0. La gestión de portales corporativos y redes sociales.* Madrid: Ediciones de las Ciencias Sociales.
- **Goodman, Gail** (2012). *Engagement Marketing: How small business wins in Social Media.* Constant Contact.
- **Hatch, Mary Jo; Schultz, Majken** (2010). *Esencia de marca.* Madrid: LID.
- **Heuer, Richard; Pherson, Randolph** (2011). *Structured Analytic Techniques for Intelligence Analysis.* Washington: CQ Press.
- **Jones, Morgan** (1995, 1998). *The Thinker´s Toolkit: 14 powerful techniques for problem solving.* Nueva York: Three Rivers.
- **Leiva-Aguilera, Javier** (2012). *Gestión de la reputación online. Crea fácilmente tu estrategia de presencia en la red.* Barcelona: UOC, col. «El profesional de la información», n.º 7.
- **Lévy, Pierre** (1999). *Collective Intelligence: Mankind´s Emerging World in Ciberspace.* Cambridge: Perseus Books.
- **Lopata, Andy** (2011). *Recommended. How to sell through networking and referrals.* Harlow: Pearson.

- **Lovett, John** (2011). *Social Media Metrics Secrets.* Indianápolis: Willey Publishing.
- **Marquina-Arenas, Julián** (2012). *Plan social media y community manager.* Barcelona: UOC, col. «El profesional de la información», n.º 12.
- **O'Reilly, Tim** (2010). *Exprime Twitter.* Madrid: Anaya.
- **Underwood, Jim** (2013). *Competitive Intelligence for Dummies.* Nueva Jersey: Willey & Sons.
- **Vibert, Conor** (2004). *Competitive Intelligence: a framework for web-based analysis and decision making.* Ohio: South Western.
- **Wong, Dona** (2010). *Guide to Information Graphics.* Nueva York: The Wall Street Journal.

Made in United States
Troutdale, OR
11/03/2026

56845248R00053